高等职业教育"十三五"规划教材·**旅游类**

U0653178

毕业设计（论文）指导
——旅游大类专业毕业实践指南

Handbook of Graduation Design (Thesis) for Tourism Majors

主　编　梁　峰　徐优明

副主编　黄雪琴　李骥云　许　刚　冷　静

参　编　雷　蕾　沈倩昉　陈　曦　张虞昕

　　　　叶设玲　任士明　吴小锋　李娟梅

顾　问　杨　进　鲍建武　吴　胜　许晓帆

南京大学出版社

图书在版编目(CIP)数据

毕业设计(论文)指导：旅游大类专业毕业实践指南 / 梁峰，徐优明主编. — 南京：南京大学出版社，2019.10

ISBN 978 - 7 - 305 - 10974 - 4

Ⅰ. ①毕… Ⅱ. ①梁… ②徐… Ⅲ. ①旅游—毕业实践—高等职业教育—教材②旅游—毕业论文—写作—高等职业教育—教材 Ⅳ. ①G642.477②F59

中国版本图书馆 CIP 数据核字(2019)第 175754 号

微信扫描二维码

√资源下载
√课件申请
√优秀论文赏析

出版发行　南京大学出版社
社　　址　南京市汉口路 22 号　　　邮编　210093
出版人　　金鑫荣
书　　名　**毕业设计(论文)指导**
　　　　　　——旅游大类专业毕业实践指南
主　　编　梁　峰　徐优明
责任编辑　裴维维　　　　　　编辑热线　025 - 83592123
照　　排　南京南琳图文制作有限公司
印　　刷　丹阳兴华印务有限公司
开　　本　787×1092　1/16　印张 8　字数 200 千
版　　次　2019 年 10 月第 1 版　2019 年 10 月第 1 次印刷
ISBN 978 - 7 - 305 - 10974 - 4
定　　价　28.00 元

网址：http://www.njupco.com
官方微博：http://weibo.com/njupco
南大悦学：njuyuexue
销售咨询热线：(025) 83594756

前　言

职业教育与普通教育是两种不同的教育类型,但具有同等重要的地位。改革开放以来,职业教育为我国经济社会发展提供了有力的人才和智力支撑,服务经济社会发展能力和社会吸引力不断增强。随着我国进入新的发展阶段,产业升级和经济结构调整不断加快,各行各业对技术技能人才的需求越来越紧迫,职业教育的重要地位和作用越来越凸显。但是依然还存在着职业技能实训基地建设有待加强、制度标准不够健全、企业参与办学的动力不足等问题。本教材正是新时代背景下对职业教育深化产教融合、校企合作、育训结合改革创新的最新探索。

本书根据近些年高职旅游大类专业学生毕业设计的要求编写,是集毕业设计指导和毕业实践指导于一体的教材,突出了新颖、实用、简明的特点,便于相关专业学生更加有效地理解和掌握毕业设计的基本流程,从而获得选取毕业论文选题、制作任务书、撰写开题报告和设计说明书(论文)、毕业答辩等方面的全过程指导。本教材突出内容的实用性和实践性特点,在具体的毕业设计指导方面,设计了学校和企业双导师机制,以保证学生毕业设计与企业行业实践有机融合。

全书共分五章。第一、二章介绍毕业设计的一般性要求和基本流程,第三章介绍如何申报省级优秀毕业设计(论文);第四章介绍旅游大类专业毕业设计的选题方向和论文实例;第五章介绍毕业实践的基本要求、流程。本教材也可作为其他人文社科类专业学生毕业设计的参考教材。

教材编写分工方面:无锡职业技术学院梁峰、徐优明两位老师任主编;无锡职业技术学院黄雪琴、李骥云、许刚、冷静等四位老师任副主编;无锡职业技术学院雷蕾、沈倩昉、陈曦、张虞昕、叶设玲、任士明、吴小锋、李娟梅等八位老师参与了部分章节的资料汇编。同时邀请了无锡中旅导游翻译有限公司总经理、特级导游员杨进,江苏康辉国际旅行社有限责任公司总经理鲍建武、总经理助理兼信息技术总监吴胜,谷事会文化发展无锡有限公司总经理许晓帆等企业高管作为本书的特别顾问。教材编写过程中,参考和引用了国内同行专家的研究资料,选用了部分学生的毕业设计,在此一并表示最衷心的感谢。同时也特别感谢南京大学出版社裴维维和刁晓静两位老师在成书过程中的悉心辅导和大力帮助!

为方便广大师生快速参考和使用本书相关内容,本书还配备了毕业设计及毕业实践相关电子表格,不同院校可以适当修改表头即可使用。由于编者水平和经验有限,书中难免有错误和不妥之处,敬请广大师生和读者批评指正。

编　者
2019 年 9 月

目 录

表目录

第一章

毕业设计的基本要求

毕业设计是高职院校人才培养计划中最后一个重要的综合性教学环节,它是综合检验学生学习效果的一门课程,采用分散授课形式开展,以学生自主学习设计为主,以教师指导为辅。它是学生毕业离校前知识、能力、素质的一次全面升华,也是审定学生毕业资格的重要依据,对学生的思想品德、工作态度、工作作风和独立工作能力具有深远的意义,并在一定程度上反映教学质量,同时也成为高职毕业生认识社会的重要窗口。越来越多的学校加强了对毕业设计质量的关注。

一、毕业设计的目的与基本要求

毕业设计主要目的是培养学生综合运用所学知识和技能,理论联系实际,独立分析、解决实际问题的能力,使学生得到从事本专业相关工作的基本训练。毕业设计应反映出学生掌握所学的专业基础知识的程度,运用所学知识进行科学研究的能力。学生应对所研究的题目有一定的心得体会,题目的范围不宜过宽,一般选择本学科某一重要问题的一个侧面。毕业设计的基本教学任务要求是:

(1)培养学生综合运用、巩固与扩展所学的基础理论和专业知识的能力,培养学生独立分析、解决实际问题的能力,培养学生处理数据和信息的能力。

(2)培养学生正确的理论联系实际的工作作风,严肃认真的科学态度。

(3)培养学生进行社会调查研究;文献资料收集、阅读和整理、使用;提出论点、综合论证、总结写作等基本技能。

毕业设计是毕业生总结性的独立作业,学生应按照毕业设计开展的有关要求,在指导教师的指导下,独立地进行毕业设计中的各项工作。在毕业设计进行中,及时地向指导教师汇报自己毕业设计的进展情况,并听取指导教师的指导意见。认真完成毕业设计全部工作,撰写毕业论文,经指导教师评阅、同行教师审阅后,参加答辩。

毕业设计不合格者,不能毕业,应作结业处理。在结业后一年内,经个人申请,学校同意,补做毕业设计,设计合格后,换发毕业证书。

二、毕业设计的选题要求

毕业设计的选题必须符合本专业的培养目标和基本教学要求,既要反映学校教育特色,同时也要保证选题的多样性,应发挥学生的主动性和创造性,使学生受到理论联系实际、设计、科学实验等较为全面综合的训练。

(一)紧密结合生产实际或工作实际

选题应与生产实践、科学前沿和社会发展相结合,题目要有一定的科学价值和现实意义;有一定的开拓性和创新性,应尽可能结合学生择业、就业的实际情况;有明确的任务或研究对象;题目的难度要适当,分量要合理,过程要完整;要符合高职学生的实际水平和现有条件,尽可能做到既有连续性又有阶段性,使学生在教学计划规定时间内完成。要根据不同专业的培养目标要求和特点,增强课题的应用价值。选题一旦确定,不得随意更改。

(二)加强文献阅读能力的提升

文献阅读是科研训练的一个基本环节,也是毕业设计(论文)的一项基本功训练。在撰写毕业设计(论文)前,学生应广泛搜集信息、积累知识、了解设计(论文)选题的国内外研究动态,进一步明确研究范围和重点。

(三)学生选择为主,教师指导为辅

在选题方式上实行指导教师和学生双向选择,一般要以"学生选择,教师指导"为基本原则,突出学生的主体地位,鼓励学生的个性发展,鼓励学生根据自己的兴趣、特长及实习单位实际情况自行拟定题目。学生所拟题目应符合教学基本要求,与所学专业紧密联系。学生自拟题目必须经过指导老师同意和学院审批后方可执行。鼓励学生到实力强的企业或组织进行毕业实践和岗位见习,使毕业设计与学生将要从事的工作紧密结合,通过岗位见习增强学生的适应能力,缩短毕业后的上岗适应期。

(四)选题范围和难度适中

选题要反映社会、经济、文化中的实际问题或热点问题,最好以中、小型为主,设计(论文)的分量和难度要适当,使学生可以在规定时间内通过努力能基本完成全部内容,或者能有阶段性的成果,既不使学生承担的任务过重,又不因任务过少,达不到训练的基本要求。

(五)关于课题的分工合作

参加毕业设计的学生原则上做到每人一题,独立完成。如遇大型的课题,允许有2人或多人做同一个题目,但在内容上必须要有明确的分工,所做的大部分工作不能相同。此外,毕业设计的题目需经教研室研究审定,系(部)批准,存系(部),报教务处备案。经批准、备案的题目不得随意改变,如需修改则必须再经过系(部)审定。

三、毕业设计的基本构成及撰写要求

毕业设计不同于毕业论文,它的组成部分不只是一篇学术论文。毕业设计一般包括毕业论文,还包括一些与课题相关的设计图纸、实验设计、实物制作、外文翻译、文献综述、开题报告等内容。以往的毕业设计内容一般指毕业设计图纸加说明书(毕业论文),2005年以后国家教育部门提出了新的要求,毕业设计的基本内容包括:毕业设计图纸、开题报告、任务书、实习报告、说明书正文等。这足以说明做一份优质的毕业设计要付出相当的努力。毕业设计通常包含毕业设计说明书或毕业论文两种形式,通常由题名(标题)、目录、摘要和关键词、正文、致谢、参考文献和附录等几部分构成。

(一) 题目

标题是文章的眉目。文章的标题,样式繁多,但无论是何种形式,总要全部或从不同的侧面体现作者的写作意图、文章的主旨。毕业论文的标题或题目应简洁、明确、有概括性,字数不宜超过 20 个字(不同院校可能要求不同),英文部分一般需要使用 Times New Roman 字体。标题的式样有多种,作者可以在实践中大胆创新,例如使用副标题。

(二) 目录

一般说来,篇幅较长的毕业论文,都设有分标题。设置分标题的论文,因其内容的层次较多,整个理论体系较庞大、复杂,故通常设目录。

设置目录的目的主要有两个:一是使读者能够在阅读该论文之前对全文的内容、结构有一个大致的了解,以便读者决定是读还是不读,是精读还是略读等;二是为读者在选读论文中的某个分论点时提供方便,长篇论文,除中心论点外,还有许多分论点,当读者需要进一步了解某个分论点时,就可以依靠目录而节省时间。

目录一般放置在论文正文的前面,因而是论文的导读图。要使目录真正起到导读图的作用,必须注重:

(1) 准确。目录必须与全文的纲目相一致。也就是说,本文的标题、分标题与目录存在着一一对应的关系。

(2) 清楚无误。目录应逐一标注该行目录对应的内容在正文中的页码。标注页码必须清楚无误。

(3) 完整。目录既然是论文的导读图,因而必然要求具有完整性。也就是要求文章的各项内容,都应在目录中反映出来,不得遗漏。

目录一般按三级标题编写,要求标题层次清晰。目录中的标题应与正文中的标题一致,摘要和关键词、附录也应依次列入目录。

(三) 摘要和关键词

1. 摘要

内容摘要是全文内容的缩影。摘要应概括研究课题的主要内容、方法和观点,以及取得的主要研究成果和结论。中文摘要在 300~500 字为宜,同时要求写出英文摘要。摘要

是正文的附属部分,一般放置在论文的篇首。写作摘要的目的在于:

(1) 指导老师在未审阅论文全文时,通过阅读摘要,先对文章的主要内容有个大体上的了解,知道研究所取得的主要成果,研究的主要逻辑顺序。

(2) 其他读者通过阅读摘要,就能大略了解作者所研究的问题,再进一步阅读全文。在这里,摘要成了把论文推荐给众多读者的"广告"。

因此,摘要应把论文的主要观点提示出来,便于读者一看就能了解论文内容的要点。论文摘要要求写得简明而又全面,不要抓不住要点,缺乏说明观点的材料。

2. 关键词

关键词是标示文献关键主题内容,但未经规范处理的主题词。它是为了文献标引工作,从论文中选取出来,用以表示全文主要内容信息的单词或术语。一篇论文可选取 3~5 个词作为关键词。

(四) 正文

毕业设计正文通常包括引言或绪论、正文主体、结论三个部分。

1. 引言

引言是全篇论文的开场白。它主要包括:选题的缘由;对本课题已有研究情况的评述;说明本文所要解决的问题和采用的手段、方法;概述成果及意义。

2. 正文

一般来说,学术论文正文的内容应包括以下三个方面:(1) 事实根据(通过本人实际考察所得到的语言、文化、文学、教育、社会、思想等方面的事例或现象)。提出的事实根据要客观、真实,必要时要注明出处。(2) 前人的相关论述(包括前人的考察方法、考察过程、所得结论等)。理论分析中,应将他人的意见、观点与本人的意见、观点明确区分。无论是直接引用还是间接引用他人的成果,都应该注明出处。(3) 本人的分析、论述和结论等。做到使事实根据、前人的成果和本人的分析论述有机地结合,注意其间的逻辑关系。

3. 结论

结论包括对整个研究工作进行归纳和综合而得出的总结;所得结果与已有结果的比较,本课题的研究中尚存在的问题,以及对进一步开展研究的见解与建议。因此该部分的写作内容一般包括以下几个方面:(1) 本文研究结果说明了什么问题;(2) 对前人有关的看法做了哪些修正、补充、发展、证实或否定;(3) 本文研究的不足之处或遗留未予解决的问题,以及解决这些问题的可能的关键点和方向。

结论一般集中反映作者的研究成果,表达作者对所研究的课题的见解和主张,是全文的思想精髓,是文章价值的体现。一般要求用精练的语言进行概括,篇幅较短,撰写时应注意下列事项:一是结论要简单、准确。在措辞上应严密,能够准确反映实验研究结果。二是结论应反映个人的研究工作,属于前人和他人已有过的结论可少提。三是要求实事求是地介绍自己研究的成果,切忌言过其实,在无充分把握时,应留有余地。

（五）参考文献

在学术论文后一般应列出参考文献，其目的有三：为了能反映出真实的科学依据；为了体现严肃的科学态度，分清是自己的观点或成果还是别人的观点或成果；为了对前人的科学成果表示尊重，同时也是为了指明引用资料出处，便于检索。

毕业论文的撰写应本着严谨、求实的科学态度，凡有引用他人成果之处，均应按论文中所出现的先后次序列于参考文献中。

（六）致谢

致谢可以放在正文后，以简短文字，对下列关联主体表示谢意：（1）国家科学基金、资助研究工作的奖学金基金、合同单位、资助和支持的企业、组织或个人；（2）协助完成研究工作和提供便利条件的组织或个人；（3）在研究工作中提出建议和提供帮助的人；（4）给予转载和引用权的资料、图片、文献、研究思想和设想的所有者；（5）其他应感谢的组织和人。在毕业论文的致谢里主要感谢导师和对论文工作有直接贡献及帮助的人士和单位。这不仅是一种礼貌，也是对他人劳动的尊重。

（七）附录

对于一些不宜放入正文、但作为毕业论文又是不可缺少的部分，或有重要参考价值的内容，可编入毕业论文附录中。例如调查问卷、数据、图表及其说明、语言程序等。

四、毕业设计（论文）的格式及装订规范

（一）毕业设计（论文）各部分格式要求

1. 封面

格式见各校毕业设计（论文）模板。论文题目在封面中标明，中英文双语表达。封面同时标注学生、指导教师等信息。

2. 目录

目录单独编写页码，用Ⅰ、Ⅱ、Ⅲ……标明页码，底端居中。

3. 摘要和关键词

使用中英文或中外文两种文字撰写摘要和关键词。每一个关键词之间用分号隔开，最后一个关键词后不用标点符号。

4. 正文

正文标题直接反映毕业设计报告或毕业论文的层次结构。论文撰写通行的标题层次结构主要有以下两种格式：

表 1 论文标题结构的两种常用格式

种类	第一种	第二种
一级标题	一、	1
二级标题	（一）	1.1
三级标题	1.	1.1.1
四级标题	（1）	1.1.1.1

标题格式是保证文章结构清晰、纲目分明的编辑手段，撰写毕业设计报告或毕业论文采用的格式必须符合上表规定，并前后统一，不能混杂使用。

正文中的图表格式可以参照后面的毕业设计(论文)模板，并通篇统一编制序号，如全文篇幅较长，亦可按章编制。正文中与相关图示对应文字处须在括弧中注明"见图 n"或"见表 n"字样，图序和表序分别用"图 n""表 n"表示，n 为阿拉伯数字。

正文中的公式书写应在文中另起一行。公式后应注明该公式序号，其格式为（＊＊）或（＊.＊）序号采用通篇统一编制序号，如全文篇幅较长，按章顺序编排。

正文中的标点符号应遵守《中华人民共和国国家标准标点符号用法》的规定；数字使用应执行《中华人民共和国国家标准出版物上数字用法》的规定。

正文注释方面。正文中引用他人的观点及原话、主要数据等必须注明出处，有需要解释的内容，可以加注说明。注释可采用脚注和尾注两种注释方式。

凡解释性注释，在正文中采用上标效果的①②……标明，以脚注方式解释，例如：

> 本地注册的银行是同业市场港元资金的主要供应者，占贷款净额的 2/3，资金供应方式以存放为主；而同业港元资金的需求者主要是海外注册的银行，特别是那些在港只有一家分行①的银行。……
>
> ―――――――――――――――――
>
> ① 1978 年以后，申请香港银行牌照且已在海外注册的银行，只允许设一家分行。（宋体、小五号字）

凡引文来源注释，在正文中采用上标效果的[1][2]……标明，以尾注方式说明来源。此处"尾注"即"参考文献"，"参考文献"格式参见"参考文献格式"。

5. 参考文献（另起一页）

参考文献是毕业设计报告或毕业论文不可缺少的组成部分，也是作者对他人知识成果的承认和尊重。毕业设计(论文)的参考文献要求在 10 篇以上。参考文献应按文中引用出现的顺序列全，附于文末。参考文献的著录格式请参考毕业设计(论文)模板后的范例。

6. 致谢（另起一页）

对指导教师及给予指导或协助完成毕业设计(论文)工作的组织和个人表示感谢。文字要简洁、实事求是，忌用浮夸和庸俗之词。

7. 附录（另起一页）

包括调查问卷原件、设计图纸、原始数据、计算程序及说明、公式推导、外文文献译文等。其中设计图纸可另附。

(二) 毕业设计(论文)装订顺序

毕业设计(论文)一律用 A4 纸打印,页面上边距 2.5cm、下边距 2.5cm、左边距 3cm、右边距 2cm、左侧装订。具体装订要求如下:

1. 毕业设计(论文)任务书和开题报告(双面打印,合订成一册)

(1) 毕业设计(论文)任务书

(2) 毕业设计(论文)开题报告

2. 毕业设计(论文)(单面打印,合订成一册)

(1) 封面

(2) 毕业设计(论文)目录

(3) 毕业设计(论文)摘要、关键词(含中外文)

(4) 正文

(5) 参考文献

(6) 致谢

(7) 附录(可选)

3. 毕业设计(论文)附录(双面打印,分类装订)

(1) 调查问卷、设计图纸、程序清单等

(2) 指导记录、中期检查表、毕业答辩评审表、查重检测报告等

(3) 专业翻译材料

4. 毕业设计成果类支撑材料(双面打印,合订成一册)

(1) 企业证明

(2) 与企业合作开发的技术服务合同

(3) 四技服务项目验收表

(4) 发表论文复印件或录用通知书

五、毕业设计(论文)模版

(一) 封面格式

下面以无锡职业技术学院毕业设计(论文)的模板为例进行撰写格式说明。

分类号:

无锡职业技术学院(小二号楷体、加粗、居中)

毕业设计(论文)

(初号楷体、加粗、居中)

题　　　　目　　　　(小三号宋体、单倍行距)

英文并列题目　　(小三号 Times New Roman 字体、单倍行距)

院　　系　(四号宋体、单倍行距)　　班　　级

学生姓名　　　　　　　　　　学　　号

所在团队

指导老师(1)　　　　　　　　职　　称

指导老师(2)　　　　　　　　职　　称

答辩委员会主任　　　　　　　主答辩人

20　　年　　月

無錫職業技術學院
WUXI INSTITUTE OF TECHNOLOGY

20____届毕业设计团队
总报告（小一号楷体、加粗、单倍行距、居中）

团队名称：____（小二号黑体、单倍行距、加粗、居中）____

院　　系　____（小二号黑体、单倍行距、加粗、居中）____

专业名称　_____

学生姓名　_____

指导老师　_____

20　年　月

(二)目录

如下示例只列出了二级标题,可以结合学校要求,同时也应注意排版美观。

目　录

（三号黑体、单倍行距、段后空一行、加粗、居中、中间空两格）

以上目录具体内容为小四号字体,1.5倍行距。如果有附录,则附录也作为一级标题进入目录。

（三）摘要、关键词、正文格式

旅游者对无锡地方旅游文化的感知分析

（三号、宋体、加粗、居中、1.5倍行距）

摘要：（小五号，黑体）旅游文化资源是最宝贵的旅游资源，同时也是在国际上最具优势和竞争力的资源，虽然无锡是中国首批优秀旅游城市和历史文化名城，但是在海外旅游市场知名度不高，很多旅游者因为没有能够真正了解无锡所以并未将其列为旅游目的地；而在国内旅游市场中，无锡和近邻苏州虽有着同根文化——吴文化，但在许多人心目中苏州更有文化性。因此，要深度发掘和发展无锡城市文化旅游、文化内涵。文章通过调查问卷来了解无锡市游客的态度、旅游动机、旅游偏好、旅游出行方式、旅游时间以及旅游信息、来源等。在此基础上，对来锡游客行为和细分市场现状进行分析，探讨开发对策，并就政府和旅游企业将来如何更好地开发无锡市旅游市场提供相关对策建议。（小五号、楷体、单倍行距）

关键词：（小五号，黑体）无锡；旅游文化；旅游感知（小五号、楷体、单倍行距、分号相隔）

Analysis on Tourists' Perception of the Local Tourism Culture in Wuxi

（三号、加粗、居中、1.5倍行距；日语为"明朝体"，英语
等外语用"Times New Roman"加粗体）

Abstract: （加粗）Tourism culture resources are the most precious resources, at the same time, also the most important and the most competitive international resources. As China's first major tourist city, Wuxi is also a historical and cultural city, but little known on foreign tourism market. In the domestic tourism market, Wuxi and neighboring Suzhou have the same culture——Wu culture, but in many people's mind, Suzhou is more cultural. It's necessary to develop the culture tourism, and to explore the cultural connotation. It could be investigated the rourism, attitude of Wuxi City, the motivation, preference, transport mode, time and tourism information with questionaires. On the basis of the research, it could be analyzed the tourism activities and the market segmentation, to provide some advices for government and enterprises.（小五号、Times New Roman、单倍行距）

Keywords: （加粗）Wuxi City; tourism culture; tourism perception（小五号、Times New Roman、单倍行距、英文分号相隔）

一、绪论（不单独起页，三号、黑体、无缩进）

（标题1：无缩进、三号、黑体、1.5倍行距；日语为"明朝体"，英语等外语用"Times New Roman"加粗体）

国内关于无锡地方旅游的研究约于1997年起步，但2004年之后才真正发展，且呈增多趋势。研究者以中初级职称青年学者居多，但也不乏保继刚、马耀峰、吴必虎这样的知名学者，目前研究仍然存在以下几点问题：

（正文：首行缩进2字符、小四号、宋体、1.5倍行距；日语为"明朝体"，英语等外语用"Times New Roman"体）

二、无锡地方旅游文化概述（不单独起页，三号、黑体、无缩进）

旅游者们了解无锡，源自一首歌和一首曲子。歌就是《太湖美》，曲子是世界闻名的《二泉映月》。歌和曲子让大家会想起无锡，一座有着悠久历史的江南名城……（正文：首行缩进2字符、小四号、宋体、1.5倍行距；日语为"明朝体"，英语等外语用"Times New Roman"体）

（一）无锡旅游文化资源基础分析（标题2：首行缩进2字符、小四号、黑体、1.5倍行距；日语为"明朝体"，英语等外语用"Times New Roman"加粗体）

文化资源从国家和区域的历史进程中被保留下来，成为旅游市场的物质和精神资源，主要包括自然遗址、遗迹、宗教设施和风土民情。无锡旅游文化的资源非常丰硕，它同样也是旅行文化的发展基础，包括五个主要类别……（正文：首行缩进2字符、小四号、宋体、1.5倍行距；日语为"明朝体"，英语等外语用"Times New Roman"体）

三、研究过程与结果分析（不单独起页，三号、黑体、无缩进）

（一）调查问卷设计（标题2：首行缩进2字符、小四号、黑体、1.5倍行距；日语为"明朝体"，英语等外语用"Times New Roman"加粗体）

调查的主要内容，涉及调查人员的年龄、性别、月花费，以及调查人员外出旅游的原因、影响因素、在旅游方面消费的状况、偏好哪种地点开展旅行等内容。我们调查问卷的问题和题型比较多，但主要还是以选择题为主，主要影响因素如下：

1. 影响旅游决策行为因素（标题3：首行缩进2字符、小四号、楷体、加粗、1.5倍行距；日语为"明朝体"，英语等外语用"Times New Roman"加粗体）

旅游决策行为变量主要是对旅游态度、旅游动机、旅游偏好等情况进测量。旅游态度测量,主要围绕旅游态度知、情、意,设置了三个问题项。关于旅游动机,本文在阅读了今井省吾、托马斯以及其他学者关于旅游动机的研究文献后,结合本文研究对象实际情况设置了相关问题。旅游偏好,则主要是对喜欢旅游景点类型等进行测量。此外,该部分问卷还围绕旅游信息获取渠道设置了问题项……

表 1　问卷内容简况

（表标题:居于表格上方、居中、小五号、楷体）

关于旅游态度问题	Q7、Q8、Q9
关于旅游动机问题	Q10、Q11
关于旅游参与程度问题	Q1、Q2
关于出游方式问题	Q22
关于出游时间问题	Q18
关于旅游目的问题	Q12、Q13
关于年出游次数问题	Q17
关于出游时长问题	Q19
关于游憩空间问题	Q14
关于生活费用问题	Q15
关于出游花费问题	Q16
关于旅游旅伴选择问题	Q21
关于收集旅游信息问题	Q6
关于旅游路线问题	Q23、Q24
关于个人收入问题	Q5
关于生活理论问题	Q17
其他	Q3、Q4、Q20

2. 旅游动力

认知和求异动机。包括了原有题项"观赏风景""探索或追寻自我""增广见识",所占比例分别是 50%,74.39%,67.07%(见图 1)……

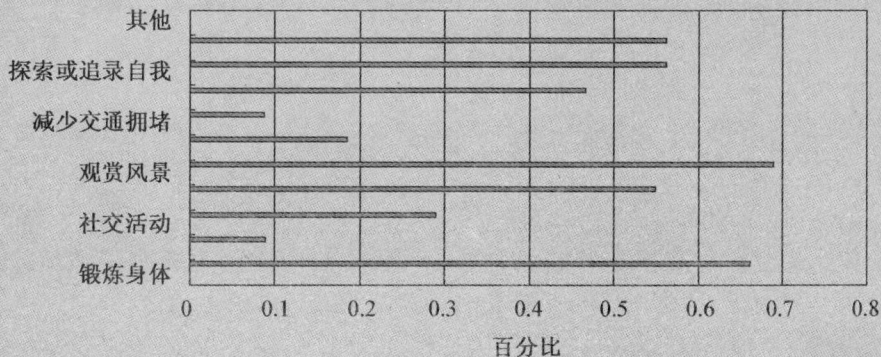

图 1　无锡市文化旅游目的

（图标题:居于图下方、居中、小五号、楷体）

（二）数据收集与样本概括（标题2：首行缩进2字符、小四号、黑体、1.5倍行距；日语为"明朝体"，英语等外语用"Times New Roman"加粗体）

本文以无锡市民和旅游者为研究对象，主要通过网络（QQ、网络问卷等）进行问卷的传播。总共印发了300份正式调查表，300份回收，回收率为100%……

（三）数据分析（标题2：首行缩进2字符、小四号、黑体、1.5倍行距；日语为"明朝体"，英语等外语用"Times New Roman"加粗体）

1. **旅游决策行为**（标题3：首行缩进2字符、小四号、楷体、加粗、1.5倍行距；日语为"明朝体"，英语等外语用"Times New Roman"加粗体）

（1）旅游信息获取渠道分析（标题4：首行缩进2字符、小四号、楷体、1.5倍行距；日语为"明朝体"，英语等外语用"Times New Roman"体）

无锡旅游者日常所接触主要媒体有网络、杂志、电台、电视等，统计显示各信息获取渠道所占比重为：网络搜索引擎60.25%，亲朋好友28.71%，杂志广告24.87%，旅游书籍和旅游论坛8.2%，旅行社7.97%……

（四）研究结论（标题2：首行缩进2字符、小四号、黑体、1.5倍行距；日语为"明朝体"，英语等外语用"Times New Roman"加粗体）

通过对无锡旅游决策行为和态度的分析，可以总结出无锡游客的几种特征……

四、开发建议和策略（不单独起页，三号、黑体、无缩进）

当前，由于同类竞争城市较多，大多数旅行社或俱乐部对无锡市场没有给予足够的重视……

（一）政府部门支持（标题2：首行缩进2字符、小四号、黑体、1.5倍行距；日语为"明朝体"，英语等外语用"Times New Roman"加粗体）

政府部门对无锡市文化旅游消费缺乏引导……

1. **产品设计**（标题3：首行缩进2字符、小四号、楷体、加粗、1.5倍行距；日语为"明朝体"，英语等外语用"Times New Roman"加粗体）

五、结论及讨论（不单独起页，三号、黑体、无缩进）

通过调查分析，本文得到以下几点重要观点：一是……

本文研究还存在很多不足，首先是在样本选取方面，因主观及客观条件限制……

结合本文不足之处，提出了今后研究的几点展望：第一……

（四）参考文献

参考文献标题单独起页，三号、黑体、无缩进。参考文献部分字体采用宋体小5号，参考文献必须是学生本人真正阅读过，以近期发表的期刊类文献为主，且要与论文工作直接有关，未公开发表的资料请勿引用。其著录格式下面分别示例说明：

参考文献（单独起页，三号、黑体、无缩进；日语为"明朝体"，英语等外语用"Times New Roman"加粗体）

（期刊文献标注示例）[1] 金平斌，郎富平. 无锡市旅游行为特征分析——以杭州市高校为例[J]. 旅游学刊，2004(4):18-19.

（学位论文标注示例）[2] 赖启航. 我国高校旅游开发研究[D]. 成都：四川师范大学，2005.

（专著标注示例）[3] 陈浩元. 科技书刊标准化18讲[M]. 北京：北京师范大学出版社，2000.

（英文期刊标注示例）[4] BANG S. Active earth pressure behind retaining walls [J]. Journal of Geotechnical Engineering, 1985, 111(3): 407-412.

[5] 訾永成. 旅桂西方游客旅游行为模式研究[D]. 广州：陕西师范大学，2005.

（专利标注示例）[6] 于广云，李宏波. 塌陷区抗变形公路路面结构：中国，ZL200520070646.3[P]. 2006-05-10.

（电子文献标注示例）[7] 中国科学院水利部水不保持研究所. 黄河流域水文泥沙数据库[EB/OL]. [2006-07-25]. http://www.loess.csdb.cn/hyd/user/index.jsp.

（会议论文标注示例）[8] HELD M, KLOSOWSKIJT J T, MITCHELL J S B. Evaluation of collision detection methods for virtual reality fly throughs//Proceedings of the Senenth Canadian Conference on Computational Geometry[C]. Quebec:Spring, 1995:205-210.

参考文献（即引文出处）的类型以单字母方式标识，具体如下：

M—专著　　　C—论文集　　　N—报纸文章　　　J—期刊文章　　　D—学位论文
R—报告　　　S—标准　　　　P—专利　　　　　A—文章

对于不属于上述的文献类型，采用字母"Z"标识。

常用的电子文献及载体类型标识：

[M/CD]——光盘图书(monograph on CD ROM)

[J/OL]——网上期刊(serial online)

[EB/OL]——网上电子公告(electronic bulletin board online)

(五) 致谢

致谢标题单独起页。具体格式如下：

> # 致　　谢（中间空两格）
>
> （作为一级标题，单独起页，三号黑体、居中，段前、段后各空一行；日语为"明朝体"，英语等外语用"Times New Roman"加粗体）
>
> ××××××××××（首行缩进2字符、小四号、宋体、1.5倍行距；日语为"明朝体"，英语等外语用"Times New Roman"体）×××××××××××××××××××××××××……

(六) 附录

附录标题单独起页，具体格式如下：

> # 附　　录（中间空两格）
>
> （作为一级标题，用三号黑体，加粗，居中，段前、段后各空一行；日语为"明朝体"，英语等外语用"Times New Roman"加粗体）

(七) 页眉、页脚格式

(1) 页眉显示：
一般采用四号、宋体、单倍行距、居中显示。

> **无锡职业技术学院**
> **毕 业 设 计（论 文）说 明 书**

(2) 页脚显示：
一般采用默认格式，即小五号、宋体、单倍行距、居中显示。

六、毕业设计(论文)的评价原则与评分标准

(一) 评分原则

(1) 毕业设计(论文)的成绩评定采用五级记分制,即优秀、良好、中等、及格、不及格。

(2) 毕业设计(论文)成绩单独进行评定,原则上不受平时课程的学习成绩影响。

(3) 要求对毕业设计(论文)进行查重检测,总文字复制比例原则上在30%以内视为合格论文,超过30%视为不合格论文。检测合格的论文方可参加毕业设计(论文)答辩及成绩评定,终检不合格的论文不能进入答辩与成绩评定程序。推荐为省优秀毕业设计(论文)以及参评校级优秀毕业设计(论文)的作品,文字复制比例须在10%以内。初次检测不合格的论文不能被推荐为学校及省级优秀毕业设计(论文)。

(4) 评分原则应从以下五个方面综合考虑:

① 毕业设计(论文)的独立完成情况。

② 毕业设计(论文)的质量:毕业设计的质量包括方案论述的正确性;设计的合理性;计算、试验结果及结论的准确性;工艺文件及图纸的规范性;设计说明书的撰写格式;设计的实用价值与创新性及工作量等。毕业论文的质量包括选题的真实性;立论的科学性;阐述的完整性;解决问题的思路、方法与手段的可行性;创新性等。

团队毕业设计(论文)的质量除上述内容外,在总报告中需着重阐述课题来源,团队详细分工,所获主要成果,所解决的现实问题以及特色创新点等。

③ 外语应用能力:主要针对毕业设计(论文)题目、摘要外文翻译的用词准确性及语法规范性等。

④ 学生的工作态度:是否团结合作、遵纪守法等。

⑤ 答辩中自述及回答问题的正确程度等。

评定毕业设计(论文)的成绩要坚持标准,严格要求,实事求是,力求反映学生的真实水平。

(二) 评分标准

1. 优秀(90~100 分)

独立、全面完成毕业设计(论文)任务;设计质量高或对原设计有明显改进并有创见,或论文能基于选题的研究现状,进行科学地分析与综合,提出新问题;探索解决问题的思路、方法、手段有显著的特色或新意;结论有新见解,对企业生产经营、技术应用与服务等有借鉴作用;具有很强的独立思考和独立工作能力及实验研究和查阅科技资料的能力;答辩中,基本概念清楚,回答问题正确,反映出扎实的理论基础和专业知识;工作态度严肃认真、积极主动、刻苦钻研、踏实肯干。

2. 良好(80~89 分)

独立、全面完成毕业设计(论文)任务;设计质量较高或对原设计有一定程度的改进,或论文能围绕选题,结合专业知识进行合理分析;探索解决问题的思路、方法、手段,结论

有一定特色或新意,对企业生产经营、技术应用与服务等有参考作用;具有较强的独立思考和独立工作的能力以及实验研究和查阅科技资料的能力;答辩中,基本概念清楚,回答问题较正确,反映出有较扎实的理论基础和专业知识;工作态度严肃认真、积极主动、刻苦钻研、踏实肯干。

3. 中等(70～79分)

能完成毕业设计(论文)任务;设计质量尚好,或论文能围绕选题进行一定的分析,提出的结论具有合理性、可行性;具有一定的独立思考和独立工作的能力以及实验研究和查阅科技资料的能力;答辩中,基本概念清楚,回答问题尚正确,基本理论和专业知识掌握得较好;工作态度认真,能努力完成规定的任务,但毕业设计(论文)中有某些小的错误。

4. 及格(60～69分)

毕业设计(论文)内容基本符合任务要求;能在老师指导下完成规定的主要任务;设计质量较差,或论文能围绕选题进行论述,符合客观规律,具有一定的合理性;独立工作能力、实验研究能力、查阅资料能力较差;在答辩中,基本概念较清楚,对设计(论文)中的问题回答无重大的原则性错误;工作态度一般。

5. 不及格(60分以下)

属于下列情况之一者给予不及格:大部分内容不符合任务书要求,质量差,有较大原则性错误或很多错误,虽经教师指出,仍未认真改正;工作态度不认真,未完成规定的主要任务或抄袭严重;工作能力、综合应用能力和查阅资料能力均差;在答辩中,基本概念模糊,有原则性错误,经启发,仍不能正确回答;有三分之一及以上时间未参加毕业设计(论文)工作。

第二章

毕业设计的基本流程

毕业设计（论文）工作程序一般应包括：① 毕业设计动员；② 配置指导老师；③ 根据实习岗位收集资料并完成选题、任务书、开题报告；④ 开展实际调研，撰写论文（完成设计）；⑤ 中期检查；⑥ 毕业设计（论文）原创性检测；⑦ 指导教师审阅设计（论文），并提出修改意见；⑧ 毕业设计（论文）评审、答辩、评定成绩；⑨ 文件归档、总结等。

一、毕业设计（论文）动员

各专业在毕业设计（论文）开始前，必须进行毕业设计（论文）动员，引导学生学习相关工作条例，明确职责与要求。毕业设计动员会上，应给学生交代的内容至少应包括以下几个方面：毕业设计（论文）的重要性；毕业设计（论文）的任务及基本流程；毕业设计（论文）的总体要求及进度安排；毕业设计（论文）选题应注意的问题；对学生、指导老师的要求。

（一）总体要求

（1）学生应认识毕业设计（论文）工作的目的、意义及其重要性，自觉遵守规章制度，刻苦钻研，勤于思考，敢于实践，勇于创新，尊重师长，虚心求教，接受指导，努力按时完成毕业设计（论文）工作。要努力培养团队精神，同学间要团结协作，互帮互学，相互切磋，共同提高。

（2）学生应修完所学专业教学计划规定的全部课程及教学环节，方能进行毕业设计（论文）。个别学生有正当理由在个别课程或教学环节未完成前需进行毕业设计（论文）的，需由本人提出申请、分院同意、教务处批准，并在毕业设计（论文）答辩前修完所缺的课程或教学环节。

（3）按照专业毕业设计指导书或论文任务书的要求，按质、按量、按时完成毕业设计（论文）；并将毕业设计报告或毕业论文及相应的成果（硬件、软件）整理好，交指导教师、评阅教师评阅；毕业设计（论文）成果、文献、资料等应交学院收存。

(二) 时间建议

毕业设计(论文)工作一般安排在第三学年的第五学期,撰写毕业设计(论文)的持续时间应不少于8周。各学院可以建立起毕业设计(论文)与毕业实践、实习、大学生创新创业训练计划和学科竞赛等创新实践活动有效结合机制,在不影响教学计划的前提下,提倡尽早启动毕业设计(论文)工作,例如提前确定指导教师、制定指导计划、完成毕业设计(论文)选题和开题报告等。

毕业论文应在第六学期第十周前完成正式答辩,在第六学期第十二周前完成补答辩。毕业设计(论文)不能免修。毕业设计(论文)成绩"不及格"的,应在弹性修业年限内重做,重做后仍不及格者,不予毕业。

(三) 工作量要求

表2 各教学环节对学生工作量的要求

教学环节	工作量	说　明
查阅文献资料	一般在10篇以上	
开题报告	2 000字左右	
摘要、关键词(中、英文)	摘要:300字左右,关键词:3~5个。	
设计图纸、软件等	由专业规定数量	
毕业论文或毕业设计报告	毕业论文至少8 000字; 毕业设计报告8 000字左右; 外语类:不低于5 000外语单词。	必须用计算机打印

(四) 其他注意事项

1. 毕业设计(论文)期间管理

在毕业设计(论文)进行期间,实行考察制度。各阶段工作(包括选题、开题、中期检查、初稿、二稿、终稿)严格按照系部规定时间完成,严格按照指导老师规定的时间接受指导。因故不能按时接受指导的,要按学院有关规定办理请假手续,并经指导教师同意;无故未按时接受指导的,按旷课论处。缺勤(包括病、事假原因)累计超过接受指导总时间的三分之一或无故不接受指导超过3次,或未能按照规定时间完成的,取消参加毕业设计(论文)答辩的资格。未能按照规定时间完成毕业设计(论文)的,不能参加毕业设计(论文)答辩,毕业设计(论文)成绩按不及格论处。

2. 答辩条件及答辩不合格情形

学生符合以下各条件者,方可参加答辩:按时完成毕业设计报告或毕业论文,评阅教师和指导教师已对其毕业设计(论文)写出书面评语并给出的成绩均不低于60分;缺勤累计不超过接受指导总时间的三分之一或无故不接受指导不超过3次。

学生必须独立完成毕业设计(论文)工作,严禁抄袭他人成果,不得请人代替完成,违者将视为作弊,并要依照学院有关规定给予纪律处分,毕业设计(论文)成绩记为"不及格"。毕业设计(论文)成绩计为不及格的学生,按结业处理,并可随下一届重修,如重修及格,经审核符合毕业标准者可换发毕业证书。

3. 学生可提出复议

凡指导教师或评阅教师认为学生没有完成毕业设计(论文)任务或其毕业设计(论文)的水平与质量达不到及格要求的,学生可在接到不能参加答辩通知 3 天内提出复议。分院负责组织专家复审,根据复审决议如仍认定为不及格,则提出复议学生不能参加答辩,毕业设计(论文)应重修。因其他情形不允许参加答辩的一般不能复议。

二、配置指导教师

(一) 指导教师资格及指导学生数

指导教师应由责任心强、有较高业务水平和实践经验的中级及其以上技术职称或者具有硕士及其以上学位的人员担任;对首次参加毕业设计(论文)指导工作的教师,系应安排具有高级技术职称且有经验的教师对其工作进行指导。

提倡校内校外双指导教师制度。校内指导教师一般应由讲师(或相应职称)以上有经验的教师担任。确有需要时,助教可以协助指导或独立指导少量学生(≤5 人)。校外指导教师一般应由行业企业专家或管理人员担任。为确保毕业设计(论文)的质量,每位教师指导学生数原则上不得超过 15 人。

鼓励不同专业间、专业与企业或行业间的互相结合,以及组织公共课和技术基础课有关教研室的教师参加指导毕业设计(论文)工作,以做到互相渗透,扩大专业面,开阔学生眼界。

(二) 指导教师主要任务及要求

毕业设计(论文)实行指导教师负责制,其主要任务包括:

(1) 根据培养计划的要求,结合学生的专业、专业方向和学习兴趣指导学生选题,下达完备的毕业设计(论文)任务书、课题安排表及进度表,并明确相关要求。团队指导教师应有明确的分工,并制定详细的指导计划和实施团队课题的方案。

(2) 向学生介绍相关参考书目,进行文献检索指导,以及仪器设备的准备和协调工作。对每个学生的指导一般不少于一周 1~2 次,每次指导的具体情况须及时填写指导记录(见表 3)中,以便检查工作的进程与质量,发现问题及时指出;指导的方式包括面对面的直接指导、电话指导、电子邮件指导等,但对每个学生必须有一定数量与时间的面对面的直接指导,面对面指导的次数及时间由各学部在实施细则或补充规定中根据不同专业的实际情况做出具体规定。

表3 毕业设计(论文)指导记录

班级:_____   学生姓名:_____   学号:_____   指导教师:_____

毕业设计课题:

指导日期	指导方式/地点	指导内容记录	备注

学生签名: 指导教师签名:

分院盖章:

注:毕业设计指导老师每周至少与学生联系指导一次,并填写相应指导记录。

（3）指导学生正确撰写毕业设计说明书（论文）。对设计的总体方案及论文的总体构思要把好关，及时解决毕业设计（论文）创作过程中出现的问题，以免出现重大的原则性错误，切忌包办代替和放任自流。

（4）对学生毕业设计（论文）工作进行全面考核。毕业设计（论文）完成后，负责对学生提交的毕业设计说明书（论文）、设计图纸等进行审阅，按评分原则和评分标准写出评语，并指导学生参加毕业答辩，将学生毕业设计（论文）资料整理归档。

（5）外聘指导教师应按照本院对指导教师的要求进行工作，与外聘指导教师共同指导学生的本院指导教师，应与外聘指导教师经常联系，确保学生毕业设计（论文）进行过程中出现的问题得到及时解决。

（6）指导教师应为人师表、教书育人，在进行指导的同时，应做好学生的思想教育工作；熟悉自己所指导的课题内容，掌握有关资料并提前做好准备。指导教师应确保所指导的学生独立完成任务，经指导教师审阅签字认可的毕业设计（论文）如发现有相互抄袭和雷同现象，将追究指导教师的责任。

三、选题

（一）选题基本要求

毕业设计（论文）课题应满足教学基本要求，即所选课题应从各专业培养目标的要求出发，有利于巩固、深化、扩大所学的知识；有利于培养学生独立工作能力；有利于增强学生创新能力；有利于学生得到较全面的训练。外文翻译不作为毕业设计（论文）的选题对象。

课题在满足教学基本要求的前提下，应尽可能结合企业生产经营、技术应用与服务，以及学校实验（训）室的建设和管理，真题真做。各分院学生所选课题中企业真实课题比例不低于 30%，并填写选题申请表（见表 4），交给指导老师。

表 4　毕业设计（论文）选题申请表

院系		专业	
姓名		班级	
学号		题目来源	
题目			
指导老师意见			

课题的难度和工作量要适当,在教师的指导下,学生经过努力能独立地完成工作任务,撰写毕业设计说明书(论文),完成相关图纸、程序、问卷等。

确因选题不当或实习单位等有迫切需要,在毕业设计(论文)工作开始后两周内允许更改课题,但须由学生本人提出申请,填写选题更改申请表(见表5),经指导老师同意,报分院批准。

表5 毕业设计(论文)选题更改申请表

院系		专业	
姓名		班级	
学号		题目来源(新)	
原题目			
新题目			
更改理由			
指导老师意见			

专业教研室可以按照专业进行毕业设计(论文)选题汇总,并填写汇总表(见表6)。

表6 毕业设计(论文)选题汇总表(按专业)

院系：　　　　　　　　　　　专业：　　　　　　　　　　　年　月　日

序号	学号	姓名	联系方式	选题名称	实践单位	选题类型	校内导师	企业导师	备注

专业负责人(签字或盖章)：　　　　　　　　　　　　　　20　年　月　日

注：选题类型有 D—毕业设计、A—毕业论文、I—社会调查、C—案例分析、O—其他形式等几种。

(二) 关于团队课题

团队课题应能够覆盖本学科专业的重要概念、特有研究方法和手段,易于拆解为有机联系的若干子课题,各个子课题工作量饱满、联系紧密,但又有一定的区分度。课题实施过程中需要团队成员的协作和交流及共同学习研究。各子课题结论在整个课题的总结论中有一定体现或有一定利用,整个课题的成果是一个自然、有机的整体。每个分院必须有1~2个团队项目。每个团队必须有团队总报告以及各团队学生的个人毕业设计(论文)。

四、任务书与开题

(一) 任务书

选题确定后由指导教师下达任务书(见表7),在任务书中写明课题外语翻译要求、需要完成的任务、计划安排以及计划答辩时间、答辩提交资料等内容,经教研室主任签字确认后发送学生。毕业设计任务书经批准后下达,一经下达,在毕业设计(论文)过程中原则上不得更改,必须更改时要有正当理由,由指导教师提出书面申请,经分院批准并报教务处备案。

表7 毕业设计(论文)任务书

20　　年　　月　　日

毕业设计(论文)题目				题目来源	
指导教师1		职称		所在部门	
指导教师2		职称		所在部门	
学生姓名		学号	班级	所属院系专业	
外语翻译要求					

课题需要完成的任务	【工程设计类课题】 明确设计具体任务、设计原始条件及主要技术指标;设计方案的形成(比较与论证);该学生的侧重点;应完成的工作量(论文、图纸及计算机应用要求等) 【软件开发类课题】 明确软件开发的具体任务;弄清系统的现状及其发展趋势;建立仿真模型;编写计算机程序;上机调试与结果分析;应完成的工作量(论文、程序等) 【毕业论文类】 明确课题的任务、方向、研究范围和目标,开展调研、查阅文献、收集资料并整理分析;了解相关的研究历史和研究现状;应完成的工作量(论文文献评述等) 【实验研究类课题】 明确课题来源,具体任务与目标,国内外相关的研究现状及其评述;该学生的研究重点;研究的实验内容、实验原理及方案;计算机应用及工作量要求(论文、文献综述报告等)

课题计划安排	序号	内　容	时间安排
	计划答辩时间		
答辩提交资料			
教研室主任审核意见			签名:

（二）开题报告

下达任务书后，学生须根据任务书要求，向指导教师递交书面的开题报告（见表8），在开题报告中应阐明选题的理由、意义、课题来源、相关资料的收集情况及设计（论文）总体方案（提纲）。经指导教师审核同意后，方能进入设计（论文）的正式工作阶段。

毕业论文的开题报告内容包括课题的背景与意义、课题研究目的与内容、课题研究的思路、进度计划等。指导教师审阅开题报告并提出是否可以开题的意见。

凡指导教师认为不能开题者，学生应予以改进，两周之内二次开题，二次开题仍不合格者毕业设计（论文）成绩按不及格论处。

表8　毕业设计(论文)开题报告

学生姓名		学号		班级		所属院系专业	
指导教师1				职称		所在部门	
指导教师2				职称		所在部门	
毕业设计(论文)题目							
题目类型		工程设计(项目)□		论文类□		作品设计类□	其他□

一、选题简介、意义

二、课题综述(课题研究，主要研究的内容，要解决的问题，预期目标，研究步骤、方法及措施等)

三、设计(论文)体系、结构(大纲)

指导教师意见： 签字： 　　年　　月　　日	分院审批意见： 签章： 　　年　　月　　日

五、论文撰写

(一)关于文献综述

学生在撰写论文正文之前,最好能够在指导老师指导下,完成 3 000~5 000 字的文献综述,在宏观上把握研究课题的科研进展,更好地理解研究对象的来龙去脉。

(二)关于调研

毕业设计(论文)的调研,一般以本市为主。确需到外地调研,应办理审批手续,由各分院毕业设计(论文)领导小组报学校批准。

(三)关于字数

原则上文科类专业毕业设计(论文)字数不少于 8 000 字。外语类专业毕业设计(论文)字数不低于 5 000 字外语单词。

(四)关于参考文献篇目

参考文献篇目原则上不少于 10 篇,其中指导老师至少推荐 3~5 篇,最好有一定数量的外文文献。

六、中期检查

(一)检查的目的与作用

其作用是检查学生毕业设计(论文)的进度及指导教师指导的情况,帮助学生认识存在的问题与不足,督促学生按时完成毕业设计(论文)。通过中期检查认为学生不努力、进展情况很差以至于无法完成毕业设计(论文)任务的,应责令限期改进,限期仍达不到要求的应停止其继续进行毕业设计(论文),其毕业设计(论文)的成绩按不及格论处。

(二)检查时间

由于各个学校毕业设计(论文)的总体时间会有差异,中期检查一般在毕业设计(论文)时间过半时进行,具体检查时间可由分院确定。

(三)检查方法

中期检查的方法是,指导教师与学生分别填写中期检查表。学生写明目前已经完成的任务、尚需完成的任务、存在的问题与不足,以及拟采取的解决办法和对指导教师的建议(见表9);指导教师写明课题工作进度完成情况、存在的问题及拟采取的解决办法以及对学生的阶段性工作评价(见表10)。中期检查表经指导教师、学生签字,分院审批后归档。

表9 毕业设计(论文)中期检查表(学生用表)

_____学院　　　　　　　检查时间 20____年____月____日

论文题目				指导教师	
学生姓名		班级		学号	

目前已完成的任务	是否符合任务书要求的进度		□是	□否
尚需完成的任务	能否按期完成任务		□能	□不能

存在的问题及拟采取的解法办法	存在的问题	
	拟采取的解法办法	

对指导教师的建议	学生(签名): 年　　月　　日

分院审批意见	签章: 年　　月　　日

表 10 毕业设计(论文)中期检查表(教师用表)

_____学院　　　　　　检查时间 20 ____ 年 ____ 月 ____ 日

论文题目				指导教师	
学生姓名		班级		学号	
指导情况	共指导( )次	指导方式		邮件( )次　电话( )次 现场( )次　其他( )次	
工作进度 完成情况	□提前完成　　　□按计划完成　　　□延期完成　　　□没有完成				

质量评价(学生前期已完成的工作的质量情况)

□优　　　□良　　　□中　　　□差

工作态度情况(学生对毕业论文的认真程度、纪律及出勤情况)

□认真　　　□较认真　　　□一般　　　□不认真

选题是否 有变化	□有 □无	选题变化 原因	

目前存在的问题,拟采取解决问题的方案及措施

对该同学阶段性工作的评价

指导教师(签名):
年　　月　　日

分院审批意见

签章:
年　　月　　日

七、原创性检测

(一)总体要求

根据教育部《学位论文作假行为处理办法》等文件精神和规定要求,为进一步提高毕业设计(论文)质量,加强学风建设,杜绝论文抄袭现象,营造学术诚信氛围,所有毕业设计(论文)需要经过"'中国知网'大学生论文管理系统"查重。

检测工作由教务处负责,各分院指定专人(一般是教务秘书)做好本部门查重检测系统的日常管理工作,并对指导教师和学生进行必要的系统使用培训。所有使用人员在系统使用过程中,须对用户信息、检测内容、检测结果等严格保密,严禁使用该系统进行收费检测或对其他论文进行检测。

(二)检测时间及次数限制

中国知网"大学生论文抄袭检测系统"是毕业生毕业设计(论文)的辅助检查手段,检测结果可以作为学生毕业论文水平评价的参考依据之一。毕业生毕业设计(论文)答辩前需提交中国知网"文本复制检测报告单(简洁)"作为附件,电子文本检测版本需与纸质文本完全一致,否则取消答辩资格。答辩结束后中国知网"文本复制检测报告单(简洁)"与其他答辩资料须由分院进行统一归档保存。

学校设定每位学生的检测权限原则上为 2 次,学生务必在毕业设计(论文)完成后再提交检测。各分院可根据本部门毕业设计(论文)工作进度设定首次检测时间,一般应在组织答辩工作前 4 周安排检测,以便指导教师有足够的时间查看检测结果并通知学生修改。首次检测未过的学生,毕业设计(论文)修改后可由分院设置二次检测,具体时间由各分院自行设定。

(三)检测结果的认定与处理

分院可以根据毕业设计(论文)的不同使用导向确定查重检测结果阈值,例如有的学校规定参评校级优秀毕业设计(论文)的作品"全文文字复制比"不超过 10%(含 10%)。通常情况下,检测结果可以分为以下几类情况:

(1)"全文文字复制比"在 30%以下(含 30%)者,结果类别定为 A 类,视为通过检测;"全文文字复制比"在 30%~50%之间者,结果类别定为 B 类,"全文文字复制比"在 50%及以上(含 50%)者,结果类别定为 C 类。

(2)对于检测结果为 B 类和 C 类的论文,由指导教师根据检测结果指导学生进行论文修改,修改时间不少于 1 周,修改后的论文须进行复检。复检后"全文文字复制比"降至 30%以下(含 30%)者,视为通过检测;仍未通过者由学院毕业设计(论文)工作领导小组组织专家对论文中存在的学术不端行为类型与性质进行认定,根据认定结果提出处理意见并报教务处实践教学管理科备案后执行。

(3)学院推荐参评校级优秀毕业设计(论文)的作品"全文文字复制比"应不超过 10%(含 10%),高于 10%者取消其评优资格。

八、论文评阅

(一) 指导教师评阅

指导教师应对所指导学生的毕业设计(论文)进行全面、认真地评阅,根据评分标准,按百分制给出成绩,写出评语(见表11)。

表 11　毕业设计(论文)评分表(指导教师用)

系(部)_____　班级_____　姓名_____　学号_____

论文题目:

评价项目		评价要素	评价内涵(优秀级)	评价分值
态度和纪律 (20分)	01	工作态度 (10分)	工作努力、作风严谨务实。能按指导老师的要求积极进行论文撰写等相关工作。	
	02	工作纪律 (10分)	遵守纪律,按期圆满完成任务;能主动、经常性地与指导老师联系。	
选题质量 (10分)	03	选题质量 (5分)	难易适中,工作量适当,满足专业教学计划中对知识、素质和能力的要求,符合专业培养目标。	
	04	选题价值 (5分)	选题符合社会经济发展的需要,能理论联系实际,具有一定的应用参考价值。	
能力水平 (30分)	05	知识运用能力 (10分)	能独立查阅文献资料和从事调研,有收集、加工各种信息及获取新知识的能力。能够综合应用所学知识,对课题研究问题进行分析、论述,研究目标明确,内容具体,且有一定的深度。	
	06	实践能力 (15分)	熟练运用本专业的知识,开展课题的实施工作。论文反映出已掌握较强的专业技能和研究方法,实践能力较强。	
	07	电脑应用能力 (5分)	能根据课题需要录入和排版,独立操作 Office 等软件。	
撰写和规范 (30分)	08	内容与结构 (20分)	能够完整地反映实际完成的工作,立论正确,论据充分,论证严密。内容正确,概念清楚,数据可靠,结构严谨,结论正确。	
	09	规范化程度 (10分)	符合毕业论文规范要求,论文中的术语、格式、数据、引用、标注及参考文献均符合规范。	
创新与成果 (10分)	10	成果与创新 (10分)	论文综述完整有见解,结果有一定的应用价值。有创新意识,对前人工作有改进或突破,或有独特见解。	
指导老师 评语			小计	

指导教师签名:_____　　　　　20　年　月　日

(二)评阅教师评阅

评阅教师必须具有指导教师资格;评阅教师在答辩以前对毕业设计(论文)进行评阅,根据评分标准,按百分制给出成绩,写出评语(见表12);评阅教师根据所评阅的毕业设计(论文)题目涉及的主要内容和要求,以相关的基本理论和基本概念为主,准备不同难度的问题,在学生答辩时进行提问。

表 12 毕业设计(论文)评分表(评阅教师用)

系(部)_____ 班级_____ 姓名_____ 学号_____

论文题目:

评价项目	评价要素		评价内涵(优秀级)	评价分值
选题质量 (15分)	01	选题方向和 范围(5分)	符合本专业的培养目标,能够达到科学研究和实践能力培养的目的。	
	02	难易度 (5分)	满足专业教学计划中对素质、能力和知识结构的要求,难易适中,工作量适当。	
	03	实际应用 价值(5分)	选题符合本专业发展,符合社会经济发展的需要,能理论联系实际,具有一定的应用参考价值。	
能力水平 (40分)	04	查阅资料 能力(10分)	能独立检索文献资料,对资料进行整理,并能对问题现状进行综述,提出进一步发展的方向。	
	05	知识运用 能力(10分)	能够综合应用所学知识,对课题研究问题进行分析、论述,研究目标明确,内容具体,且有一定的深度。	
	06	研究方法与 手段(8分)	熟练运用本专业的方法、手段和工具,开展课题的实施工作。	
	07	实践能力 (10分)	论文反映出已掌握了较强的专业技能和研究方法,实践能力较强。	
	08	计算机应用 能力(2分)	能根据课题需要录入和排版,独立操作软件。	
撰写和规范 (30分)	09	内容与写作 (16分)	能够完整地反映实际完成的工作,概念清楚,内容正确,数据可靠,结果可信。	
	10	结构与水平 (7分)	结构严谨,语言通顺,立论正确,论据充分,论证严密,分析深入,结论正确。	
	11	规范化程度 (7分)	符合毕业论文规范要求,论文中的术语、格式、数据、引用、标注及参考文献均符合规范。	
创新与成果 (15分)	12	成果与成效 (8分)	论文立论正确、综述完整有见解;论文结果有一定的应用价值。	
	13	创新意识 (7分)	有创新意识;对前人工作有改进或突破,或有独特见解。	
评阅老师 评 语				小计

指导教师签名:_____ 20 年 月 日

(三)评语撰写要求

学生毕业设计(论文)的评语主要应包含以下几方面的内容:

(1)是否达到毕业设计(论文)任务书要求;

(2)研究或实验设计方案、研究方法和手段的合理性、正确性如何;

(3)毕业设计(论文)的质量(包括文献资料应用及外文资料翻译、质量等)、工作态度及科学作风等;

(4)毕业设计(论文)撰写水平如何、格式是否规范;

(5)总体水平评价,是否同意提交答辩。

九、答辩

毕业设计(论文)答辩是对毕业设计(论文)进行全面检查、考核的一个必不可少的环节。因此,毕业设计(论文)结束时,学生均须逐个进行答辩。答辩委员会、专业答辩小组的任务是组织本分院、本专业学生的答辩评分工作,统一答辩方法、步骤、要求,评阅毕业设计(论文),科学评定成绩。

(一)组织机构

一般学校毕业设计(论文)的领导工作由分管教学的校长负责,教务处负责相关管理工作。质量监督与控制部对毕业设计(论文)工作实施全程监控。

1. 领导小组

各分院需成立毕业设计(论文)工作领导小组,领导小组成员名单报教务处备案。领导小组主要职责:

(1)审定毕业设计(论文)工作的安排,确定指导教师,报教务处审定后实施。

(2)成立答辩委员会,组建答辩小组,报教务处备案。

(3)审定学生毕业设计(论文)的资格,报教务处备案。

(4)负责毕业设计(论文)的中期检查、质量抽查、优秀毕业设计(论文)推荐等工作。

(5)处理组织实施工作中的其他重大问题。

2. 答辩委员会

各分院成立毕业设计(论文)答辩委员会,负责论文答辩工作。设主任一名,由副教授以上人员担任。委员会成员一般以3或5人为宜。答辩委员会的工作:

(1)在答辩工作开始以前,统一制定答辩工作的要求和程序;

(2)审定学生毕业答辩资格;

(3)在答辩开始前一周,由各分院答辩委员会公布答辩时间、地点和答辩人姓名,指导教师不得担任所指导学生的主答辩;

(4)审查各答辩小组毕业设计(论文)成绩评定情况。

3. 答辩小组

专业较多的部门,在分院答辩委员会指导下,分别成立一个或多个专业答辩小组,具体负责本专业学生的答辩资格审核和答辩工作。专业答辩小组设组长 1 名，一般由专业系主任或本专业副教授以上教师担任，每个答辩小组至少要有 2～3 名成员。原则上应由讲师（或相应职务）以上人员担任。毕业设计（论文）答辩小组的具体任务是：

（1）听取学生就毕业设计报告或论文所做的报告；

（2）就学生的毕业设计报告或论文及其所做的报告，提出相关的理论与实践问题；

（3）给出学生毕业设计（论文）答辩的成绩；

（4）写出学生毕业设计（论文）答辩的评语，主要包括学生所做的报告及回答问题的情况，不仅要肯定优点及成绩，也要指出存在的问题与不足。

答辩委员会或专业答辩小组的成员由各专业提名，于正式答辩前一个月报教务处备案。结合生产或科研任务以及来源企业的课题，可以聘请有关生产、科研部门人员以及企业兼职教师和企业专家参加专业答辩小组。

（二）资格审查

凡按计划完成毕业设计（论文）、原创性检测相似比≤30％，通过分院资格审查且无违纪违规行为者，方可获得答辩资格。原创性检测相似比不达标或论文规范性审查未通过的，不予安排答辩，待修改后通过审核方可参加答辩。

（三）答辩过程

毕业设计（论文）资格审查通过后，由答辩小组主持答辩并以公开方式进行。具体步骤如下：

1. 公开答辩

毕业设计（论文）的公开答辩。每个专业必须选取不少于两名毕业设计（论文）质量较高的学生进行公开答辩；公开答辩的时间应安排在普通答辩前，以起到示范作用。一般来说，申请校级或者省级优秀毕业设计（论文）的同学必须进行公开答辩。

2. 普通答辩

（1）学生陈述

首先由学生陈述毕业设计（论文）的撰写情况，主要包括选题依据和研究意义；毕业设计（论文）的基本思路、主要内容；论文（设计）的主要创新点及不足；研究资料或实验情况等。陈述时间 5～10 分钟。

（2）提问及回答

答辩小组老师提问应不少于 3 个问题，所提问题应与答辩论文有一定联系，并具有一定质量。学生应针对答辩老师的提问做出回答，在学生回答问题的过程中，答辩老师应有适当的追问。提问答辩控制在 20 分钟左右。

（3）答辩记录与评价

答辩应及时做好记录，由答辩小组秘书记载"毕业设计（论文）答辩记录表"（见表13）。

表 13　毕业设计(论文)答辩记录表

班级		姓名		学号	
论文题目				指导教师	

毕业设计(论文)答辩提纲及记录：

　　1. 答辩提纲

　　2. 答辩记录

主答辩老师：_____

答辩组成员：_____

日　　期：20____年____月____日

　　答辩小组就学生答辩情况提出评审意见,给予答辩成绩,答辩小组组长写出评语并完成"毕业设计(论文)评分表(答辩小组用)"(见表 14)。答辩评语主要应包含学生毕业设计(论文)成果质量及其应用价值、回答问题情况、逻辑思维及语言表达能力等方面的内容。

表 14　毕业设计（论文）评分表（答辩小组用）

系（部）＿＿＿＿＿　　班级＿＿＿＿＿　　姓名＿＿＿＿＿　　学号＿＿＿＿＿

论文题目：

评价项目		评价要素	评价内涵（优秀级）	评价分值
仪容仪态 （20分）	01	仪容仪态 （20分）	着装得体，讲究礼仪；精神饱满，举止大方；富有热情，感染力强。	
现场陈述 （20分）	02	语言表达 （10分）	语言流畅、准确、简洁；能简明扼要地介绍论文。	
	03	熟练程度 （10分）	内容娴熟，运用自如。表达观点思路清晰、概念清楚、论点正确、结构严谨。	
论文答辩 （40分）	04	问题回答 （20分）	正确理解并准确切入问题；回答内容准确可信，有理论依据，基本概念清楚，主要问题回答正确。	
	05	应变能力 （20分）	及时流畅做出回答；能结合实际做补充阐述。有较强的应变能力。	
创新价值 （10分）	06	创新价值 （10分）	有创新、有见解，结果有一定的应用价值，对实际工作有指导意义。	
时间控制 （10分）	07	时间控制 （10分）	能在规定时间内介绍论文，回答问题简明、及时不拖沓。在规定时间内提交报告或补充材料。	
答辩小组 评　　语				小计

答辩小组组长：＿＿＿＿＿＿＿＿＿＿＿＿＿＿＿＿＿＿

答辩小组成员：＿＿＿＿＿＿＿＿＿＿＿＿＿＿＿＿＿＿　　　　　　　　20　　年　　月　　日

十、成绩评定

各专业答辩小组要根据以上的评分原则和评分标准，制定本专业的具体评分办法，并报各分院答辩委员会审定，报教务处备案。相关评分结构及成绩要求如下。

（一）评分结构

毕业设计（论文）总成绩由指导老师评定成绩、评阅老师评定成绩、答辩成绩（可由答辩小组成员共同评定）三部分组成，上述三个成绩均以百分制给出；然后依次按40％、30％、30％比值计算出总成绩；最后折算成五级计分。折合标准为：90分以上为"优秀"；80分至89分为"良好"；70分至79分为"中等"；60分至69分为"及格"；60分以下为"不及格"。

每个学生毕业设计（论文）评审表由指导教师评分表、评阅教师评分表、答辩记录表、答辩小组评分表、毕业设计（论文）成绩评分表和答辩委员会意见表（见表15）等几部分组成，经分院审核盖章后归档。

表15 毕业设计(论文)成绩评分表(答辩委员会意见表)

系(部)_____ 班级_____ 姓名_____ 学号_____

论文题目:

指导教师成绩(40%)	审阅教师成绩(30%)	答辩小组成绩(30%)	总分	等　第
				☐ 优　秀:90~100分 ☐ 良　好:80~89分 ☐ 中　等:70~79分 ☐ 及　格:60~69分 ☐ 不及格:60分以下

(说明:所有成绩均采用百分制、四舍五入取整数打分,在分数对应的等第前的方框内打"√")

答辩委员会意见:

　　根据对该生论文选题、内容及格式等方面的审阅,并参考指导教师、评阅教师和答辩小组意见,答辩委员会经过认真讨论,给予该生毕业设计(论文)环节如下意见:

(☐同意　　☐不同意)以上成绩评定;

(☐通过　　☐不通过)毕业论文答辩。

答辩委员会主任(签章):

(二)公布答辩成绩

　　由各专业根据指导教师给出的成绩、评阅教师给出的成绩及答辩小组给出的成绩计算每个学生的毕业设计(论文)综合成绩。综合成绩采用加权法计算,即:

　　　综合成绩=0.4×指导教师评分+0.3×评阅教师评分+0.3×答辩小组评分

　　在学生答辩完毕后,由主答辩教师统计毕业设计(论文)的总成绩,并报相应专业答辩小组。各专业答辩小组将毕业设计(论文)的总成绩按班级进行汇总(见表16),并报经答辩委员会核准后,由各分院公布成绩。

表 16 毕业设计(论文)综合成绩评定汇总表(按专业)

序号	姓名	学号	设计(论文)题目	毕业设计(论文)成绩					答辩委员会		是否推优
				指导教师	评阅教师	答辩小组	综合成绩	综合等第	同意	通过	
1											
2											
3											
4											
5											
6											
7											
8											
9											
10											
11											
12											
13											
14											
15											
16											
17											
18											
19											
20											

专业负责人(签字或盖章):　　　　　　　　　　　　　院系主任(签字或盖章):

　　　　　　20　年　月　日　　　　　　　　　　　　　　　　20　年　月　日

（三）关于二次答辩

有些情况下可以组织必要的二次答辩,二次答辩的程序及要求与一次答辩相同。进行二次答辩的情形有:

(1) 候选校级优秀毕业设计(论文)者;

(2) 指导教师及评阅教师给出的成绩均在及格以上,但答辩成绩不及格者。

除候选校级优秀毕业设计(论文)者,二次答辩的答辩成绩最高为60分,二次答辩不通过者按不及格处理,应重修。

十一、归档和总结

（一）归档与检查

毕业设计(论文)的全部工作应该在毕业生离校前完成。归档与检查工作往往是毕业设计(论文)的最后一个环节,各分院可按照此程序安排本单位各专业毕业设计(论文)工作的进程。

1. 归档

毕业设计(论文)答辩结束后一周内,各分院应将学生毕业设计(论文)开题报告、任务书、中期检查表、毕业设计说明书(论文)、设计图纸、指导记录、答辩记录、评审表、查重检测报告等相关资料(含相关电子稿)登记造册、编号,统一存档。校级优秀毕业设计(论文)应交校档案室统一存档,各分院可使用复制件。

2. 检查

毕业设计(论文)的资料文档应包括毕业设计任务书或毕业论文指导书、毕业设计(论文)开题报告、毕业设计(论文)中期检查表、毕业设计报告或毕业论文正文及附录、毕业设计(论文)评分表(指导教师用)、毕业设计(论文)评分表(评阅教师用)、毕业设计(论文)评分表(答辩小组用)、毕业设计(论文)答辩记录表、毕业设计(论文)成绩评分表(答辩委员会意见表)、毕业设计(论文)综合成绩汇总表等。

通常,毕业设计(论文)的检查工作包括自查和检查两个步骤。分院可以组织人员先填写毕业设计自查整改表(见表17),然后接受学校教务或质控部门工作人员的正式检查。学校教务部门或质控部门的检查内容一般包括答辩规范、毕业设计(论文)规范情况、资料汇总情况、毕业实践安排及落实情况等内容。

表 17　毕业设计自查整改表

班级：			自查负责人：		
自查 项目	自查要点	自查规范	自查情况	改善措施	改善情况
答辩 规范	材料 齐全性	内容至少包含指导教师评价、评阅教师评价、答辩记录、答辩评语、答辩委员会评价表。			
	流程 规范性	必须有答辩小组意见、答辩委员会意见(江苏省抽检要求)。			
	内容 完整性	指导教师评定成绩、答辩成绩、评阅教师评定成绩三项齐全。 课题名称、评阅人、日期等均需填写。			
	成绩 准确性	指导教师评定成绩、答辩成绩、评阅教师评定成绩三项正确无误；最终成绩为等第。			
论文 规范	内容与 装订	分院毕业设计(论文)文本存档次序,建议如下:(1)任务书;(2)开题报告;(3)论文;(4)附录;(5)支撑材料。			
	开题报告	格式统一,可以参考表8制作。			
	任务书	论文任务要明确、计划时间与答辩时间一致,且任务书填报日期在开题报告前。			
	论文	内容顺序和格式:(1)封面(学校统一);(2)毕业设计(论文)目录;(3)毕业设计(论文)摘要、关键词(含中英文);(4)正文;(5)参考文献字体大小一致、标注正确清晰、无错别字。			
	附录要求	按专业需求自选内容,设定统一规范。建议以下内容:(1)设计图纸、工艺文件、程序清单类;(2)中期检查表、毕业答辩评审表、查重检测报告类;(3)专业翻译材料;归档可按个人或班级装订。			
	*支撑材料 要求	通常包括:(1)企业证明;(2)与企业合作开发的技术服务合同;(3)四技服务项目验收表;(4)发表论文复印件或录用通知书。			
	毕业设计 说明书批改	建议存档的毕业设计(论文)说明书上要有指导教师签名。			
归档 规范	内容	档案袋统一编号、按顺序存档,存档内容包括:(1)毕业设计(论文)(含开题、任务书);(2)答辩相关资料;(3)中期检查表(包括学生用表和教师用表);(4)学生查重报告。			
	封面	资料袋封面统一、填写齐全、封面课题名称与任务书一致,成绩要按等第填写。			
	成绩汇总	成绩汇总表按班级系统汇总导出,打印存档。			

(续表)

毕业实践安排及落实情况	(1)提供相关支撑材料,格式可以参考表6毕业设计(论文)选题汇总表(按专业)制作;(2)资料归档分院统一规范;审核意见、签名等填写清楚,具体见附件4-6毕业实践考核表。			

(二) 总结

毕业设计工作结束后,分院各专业应认真做好毕业设计(论文)总结工作,综合分析毕业设计(论文)工作取得的成绩和存在的问题,提出改进建议或意见,并形成工作总结与质量分析报告(见表18),以分院为单位于下一学期开学一周内报送教务处。

表18 毕业设计(论文)工作分专业总结表

院系: 专业: (学生总数:) 20 年 月 日

参加毕设学生人数			课题数	
统计内容			数量	比例(%)
课题类型		D—毕业设计		
		A—毕业论文		
		I—社会调查		
		C—案例分析		
		O—其他形式		
指导教师情况	校内指导教师	高级		
		中级		
		初级及以下		
	校外指导教师	高级		
		中级		
		初级及以下		
学生成绩		优秀		
		良好		
		中等		
		及格		
		不及格		

（续表）

专业毕业设计（论文）工作总结，包括毕业设计（论文）成绩分析、典型经验、存在问题、措施与建议等方面）：

系部主任（签字）：　　　　　　　　　　　　　　　　　20　　年　　月　　日

　　学生在毕业设计（论文）过程中所用的文具、纸张，根据学校规定的统一格式，均应自费购买。聘请校外单位人员指导毕业设计（论文），其课时津贴按学校有关企业兼职教师聘任与管理方法执行。

第三章

申报优秀毕业设计(论文)

为充分发挥毕业设计(论文)对提高大学生创新精神和实践能力的作用,学校一般在校级优秀毕业设计(论文)中择优推荐参加省级优秀毕业设计(论文)评选。通常,教务处负责组织校级优秀毕业设计(论文)的评选以及向上级主管部门推荐省级优秀毕业设计(论文)工作。各分院负责组织校级优秀毕业设计(论文)的初评和推荐工作,推荐的校级优秀毕业设计(论文),必须在本部门进行公示,并将结果报教务处。下面以江苏省普通高等学校专科优秀毕业设计(论文)评选为例进行介绍。

一、毕业设计(论文)评优基本条件

(一) 优秀毕业设计(论文)的推荐条件

(1) 必须为当年的学校专科毕业设计(论文),成绩为优秀,必须为学生本人完成,作者为1人。

(2) 选题符合本专业培养目标与教学要求,具有一定的创新性,或具有一定的学术水平和独到见解,或具有一定的实用(参考)价值。

(3) 支撑材料主要包括专利、著作权、获奖证书、已公开发表的期刊论文、有学生信息的四技服务项目(横向项目)和学生本人解说、操作实物、设备、软件的视频及照片。省级优秀毕业设计(论文)必须至少具备以上3项材料。

(4) 优秀毕业设计(论文)评审标准参照"专科优秀标准"(以江苏省为例),见表19。

表 19 江苏省普通高等学校专科优秀毕业设计(论文)评选标准

评价项目	评价要素		评价内涵(优秀级)	评价等级			
				A	B	C	D
选题质量(15分)	1	选题方向和范围(6分)	符合本专业的培养目标,满足主要就业岗位要求,达到技术研究应用、实践能力培养和锻炼的目的。				
	2	难易度(4分)	满足本专业培养方案对素质、能力和知识结构的要求,有一定难度,工作量饱满。				
	3	理论意义和实际应用价值(5分)	选题符合本专业的发展,结合社会经济生产建设、管理、服务一线的实际需求,具有一定的技术应用价值。				

（续表）

评价项目		评价要素	评价内涵(优秀级)	评价等级			
				A	B	C	D
能力水平(40分)	4	调研与文献检索应用能力(10分)	根据课题研究问题实施有效调研,能独立检索文献资料,对调研与文献资料进行整理、分析、综合、归纳等,并能对所研究问题的现状进行综述,提出存在的问题或进一步改进的方向。				
	5	综合运用知识能力(10分)	综合应用所学知识,对课题所研究问题进行分析、论述,研究目标明确,内容具体,且具有一定的深度。				
	7	研究方法与手段(5分)	熟练运用本专业的研究方法、手段和工具开展课题的设计和实施工作。				
	8	专业技能实践应用水平(10分)	论文或设计反映出已掌握较强的专业技能,实践能力强、水平高。				
	9	计算机及外语应用能力(5分)	熟练使用相关计算机软件,完成课题所需的编程、建模、分析、撰写等工作;外文摘要能概括论文的主要内容和观点,语句通顺。				
撰写与规范(25分)	10	内容与水平(14分)	概念清楚,立论有据,论据充分,内容正确,数据可靠,分析深入,结论可信。				
	11	结构与写作(7分)	结构严谨,层次清晰,语言通顺,能够完整地反映实际完成的工作。				
	12	规范化程度(4分)	符合本校的毕业设计(论文)工作规范要求,论文中的术语、格式、图表、数据、公式、引用、标注及参考文献均符合规范,提交材料齐全。				
创新与成果(20分)	13	创新性(7分)	1. 论文:基于选题的研究现状,进行专业调研、分析与综合,提出新问题,解决问题的方法、手段、思路有一定的特色或新意,结论有新见解。2. 设计:将专业知识、技能应用于工程问题的解决,过程符合行业规范,方法或思路有特色、有创新。				
	14	成果与成效(13分)	1. 论文:有一定的学术价值或应用价值;2. 设计:有实物作品,或实际运行的系统,或具有一定复杂度的原型系统;3. 成果已经得到应用或具有应用前景,或有发表/录用的论文或已提交专利申请等。				
团队请增加填写此栏(20分)	15	系统性(10分)	团队课题能够覆盖团队成员各专业的知识体系、研究方法和手段、完整的工作过程,能够拆分为有机联系的子课题,各个子课题工作量饱满、联系紧密,但又有一定的区分度。各子课题研究内容、结论在整个课题的总结论中有一定的体现或有一定的利用,团队课题的总成果是一个自然、有机的整体;整体质量高,成效明显。				

（续表）

评价项目		评价要素	评价内涵(优秀级)	评价等级			
				A	B	C	D
	16	协作性(6分)	课题实施过程中团队成员相互之间有实质性协作与配合,有协同设计或研究,有交流及共同学习等环节和成果;体现较强的合作意识和团队精神。				
	17	组织性(4分)	团队指导教师分工协作,并有一定的指导计划和实施团队课题的方案,保证团队成员有效交流与协作。				
专家推荐等级	18		一等奖(　　)　二等奖(　　)　三等奖(　　)　不推荐(　　)				
备注	19						

注:1. 评价等级权重:A(100%)、B(85%)、C(75%)、D(65%);2. 对于推荐为"一等奖"或决定"不推荐"的毕业设计(论文)请结合该标准的参考点在备注栏内给出较为详细的说明(100字以内)。

（二）团队优秀毕业设计的推荐条件

（1）选题有利于培养复合型人才,各子课题设计合理,任务分工明确,研究内容有机联系,能有效反映团队成员间的实质性协作与配合,且有群策群力、协同攻关的设计研究成果。

（2）每个团队不少于3位学生,其成员可为同一专业的学生,也可为跨学科、跨专业的学生,但必须是应届毕业生。

（3）团队有总的指导教师,每位学生有各自的指导教师,指导教师总数原则上不超过学生总数。

（4）支撑材料主要包括专利、著作权、获奖证书、已公开发表的期刊论文、有学生信息的四技服务项目和学生本人解说、操作实物、设备、软件的视频及照片。省优秀毕业设计(论文)团队必须至少具备以上3项材料。

二、毕业设计(论文)评优推荐材料

（一）优秀毕业设计(论文)推荐材料

（1）江苏省普通高等学校本专科优秀毕业设计(论文)推荐表纸质版及电子版,其中"毕业设计(论文)的水平与特色"为重要内容,见表20。

表 20　江苏省普通高等学校本专科优秀毕业设计（论文）推荐表

学校名称：　　　　　　　　　　　　　　　　　填表日期：　　　年　　　月　　　日

学生姓名		性别		类别		
年级		专业名称		专业所属一级门类		专业所属二级门类
指导教师						毕业设计（论文）总周数
姓名	专业技术职务		年龄		所在单位	

毕业设计（论文）题目	
毕业设计（论文）主要涉及研究方向	
毕业设计（论文）选题依据及背景	
学校中期检查情况	
毕业设计（论文）的水平与特色	
毕业设计（论文）有何实验、实践或实习基础	
学生毕业设计（论文）期间的研读书目	
指导教师评语及推荐意见［包括学生的工作态度、知识与能力、成果与水平、设计（论文）质量等几方面］	指导教师签字： 　　年　　月　　日
指导教师对申报材料真实性的意见	指导教师签字： 　　年　　月　　日
毕业设计（论文）获奖后，指导教师是否同意公开交流？	同意请指导教师签名：＿＿＿＿＿
学校推荐意见	（学校公章） 　　年　　月　　日

注：（1）"类别"栏请填写"本科毕业设计""本科毕业论文""专科毕业设计"或"专科毕业论文"。

　　（2）专业名称和所属门类请按教育部公布的专业目录填写。

　　（3）"指导教师"栏，毕业设计团队请填写实际指导教师情况。

(2) 毕业设计(论文)任务书(见表7)、开题报告(见表8)纸质版。

(3) 毕业设计(论文)纸质版及电子版,附:图纸、实物、软件及企业应用情况证明、专利(著作权)证书、期刊论文、获奖证书、解说操作视频照片等相关材料。

(4) 毕业设计(论文)查重报告纸质版。

(5) 毕业设计(论文)指导教师评分表(见表11)纸质版。

(6) 毕业设计(论文)评阅教师评分表(见表12)纸质版。

(7) 毕业设计(论文)答辩小组评分表(见表14)纸质版。

(8) 毕业设计(论文)答辩委员会意见表(见表15)纸质版。

(9) 毕业设计(论文)综合成绩评定汇总表(见表16)纸质版。

(10) 毕业设计(论文)中期检查表纸质版,包括学生用表(见表9)和教师用表(见表10)。

(11) 毕业设计(论文)指导记录表(见表3)纸质版。

(二)优秀毕业设计(论文)团队推荐材料

(1) 江苏省普通高等学校本专科优秀毕业设计团队推荐表纸质版及电子版,其中"团队设计的整体水平与特色"为重要内容,见表21。

表21 江苏省普通高等学校本专科优秀毕业设计团队推荐表

学校名称:　　　　　　　　　　　　　　　　　填表日期:　　年　　月　　日

团队名称		专业名称	
专业所属一级门类		专业所属二级类	
团队内学生数		团队指导教师总数	

指导教师情况				
姓名	专业技术职务	年龄	所在单位	承担指导任务与工作分工
团队设计(论文)总题目				

(续表)

学生情况							
序号	学校名称	团队内学生姓名	性别	专业	年级/班级	在团队中承担的任务	指导教师姓名

团队设计(论文)主要涉及的研究方向	
团队设计(论文)的选题依据及背景	
团队设计(论文)的主要内容、团队详细分工和各成员协作互助情况	
团队设计(论文)有何实验、实践或实习基础	
学生在团队设计(论文)期间的研读材料	
学校中期检查情况	
团队设计的整体水平与特色	
指导教师评语及推荐意见(包括学生的工作态度、知识与能力、成果与水平、设计质量等几方面)	第一指导教师签字: 年 月 日
指导教师对申报材料真实性的意见	第一指导教师签字: 年 月 日
设计团队获奖后,指导教师是否同意将成果公开交流?	同意请指导教师签名:_____
学校推荐意见	(学校公章) 年 月 日

（2）毕业设计(论文)任务书(见表7)、开题报告(见表8)纸质版。

（3）团队毕业设计的总报告纸质版及电子版。要求 5 000 字以上,目标明确,结构清晰,分工明确,论述完整。另附团队中每位学生的毕业设计(论文)及相关实物资料、企业应用情况证明、专利(著作权)证书、期刊论文、获奖证书、解说操作视频照片等相关材料。

（4）毕业设计(论文)分报告纸质版及电子版。

（5）毕业设计(论文)总报告及分报告查重报告纸质版。

（6）毕业设计(论文)指导教师评分表(见表11)纸质版。

（7）毕业设计(论文)评阅教师评分表(见表12)纸质版。

（8）毕业设计(论文)答辩小组评分表(见表14)纸质版。

（9）毕业设计(论文)答辩委员会意见表(见表15)纸质版。

（10）毕业设计(论文)综合成绩评定汇总表(见表16)纸质版。

（11）毕业设计(论文)中期检查表纸质版,包括学生用表(见表9)和教师用表(见表10)。

（12）毕业设计(论文)指导记录表(见表3)纸质版。

(三) 优秀毕业设计(论文)汇总表(含团队)

各教学部门学术委员会负责遴选和推荐本部门的优秀毕业设计(论文)名单,推荐的优秀毕业设计(论文)汇总表(含团队)应排序,一式一份,部门盖章签字(纸质版);并提交电子版,见表22。以上所有材料统一报送至学校教务处。

表 22　优秀毕业设计(论文)部门推荐汇总表

学生所在分院:＿＿＿＿＿＿＿＿＿(盖章)　　联系人:＿＿＿＿＿手机:＿＿＿＿＿＿＿

推荐排序编号	推荐毕业设计(论文)名称	学生姓名	指导教师姓名	成绩	备注(团队、个人)
1					团队
2					团队
......					
1					个人
2					个人
......					

分院领导签字:

第四章

旅游大类专业毕业设计（论文）实例

一、专业分类题库举例

（一）关于旅游资源、旅游产品

论"红""绿"旅游资源开发策略

生态旅游产品创新研究

自驾车旅游产品开发研究

休闲产业发展的趋势及对策

体验经济视野中的旅游产品设计

乡村旅游可持续发展探析

蜜月旅游产品创新研究

关于影视旅游的分析与思考

茶文化旅游发展策略研究

我国事件旅游的发展现状与前景

生态旅游开发问题探析

文化旅游发展战略探析

乡村体验旅游产品开发研究

宗教旅游发展现状分析

我国工业旅游的发展现状与前景

乡村旅游休闲化提升的目标与战略研究

××省/市/地区红色旅游发展存在的问题与对策

××省/市/地区旅游资源开发存在的问题及对策

××省/市/地区乡村旅游资源的调查与分析

××省/市/地区红色旅游开发创新研究

××省/市/地区生态旅游发展的状况与问题

旅游目的地形象构建策略探讨

浅谈新农村建设与乡村旅游业的发展——以某地为例

我国红色旅游发展现状研究——以××地区为例

论旅游目的地主题形象塑造——以某地区为例

旅游线路开发应注意和解决的问题分析

(二) 关于旅行社、景区等

旅行社发展存在的问题及对策

旅行社面对突发性危机事件应急能力研究

旅行社低价竞争的原因分析

中国旅行社业发展现状与发展对策研究

我国旅行社集团发展模式探讨

试论旅行社的形象促销

对我国旅行社品牌经营管理模式的探讨

我国旅行社发展存在的问题及营销对策

中小旅行社未来发展策略浅析

旅行社不正当竞争现象、症结与对策研究

旅行社服务质量与游客满意度影响因素分析

论旅行社员工激励机制的建立

探讨如何加强我国旅行社的市场竞争力

浅谈导游讲解对旅游景区形象的影响

××地区旅游客源市场的分析与研究

××地区旅游商品开发研究

××地区旅游购物市场研究

旅游景区过度商业化问题剖析

浅析主题景区品牌的树立

旅游景区营销管理浅析

我国旅游景区品牌经营策略研究

(三) 关于酒店企业管理

经济型酒店与星级酒店的优势对比分析

经济型酒店连锁经营模式的探析

经济型酒店经营模式选择探析

经济型酒店营销策略分析

酒店员工激励模式研究

酒店管理人员知识基础结构优化研究

酒店女性管理人员职业发展研究

如何从员工需要出发的酒店员工激励研究

酒店员工职业道德素质培养研究

酒店采购成本控制研究

酒店厨房成本控制

酒店布草采购成本的结构优化

酒店餐具的外包业务成本优化研究

酒店员工忠诚度培养研究

如何激发酒店员工持续工作积极性研究

服务行业现有激励机制中存在的问题及其研究

服务行业员工工作心理变化研究

服务行业多劳多得激励体制存在的问题及解决方案

××酒店人力资源的现状及对策研究

(四)关于酒店服务质量

××酒店业服务质量存在的问题及对策研究

经济型酒店顾客重复购买意愿影响因素分析——以××为例

网络互动——青年旅舍的营销新方式

餐饮行业顾客忠诚度培养研究

餐饮行业顾客投诉的处理模式研究

××地区建造五星级酒店的市场分析

××地区饭店市场调查与分析

以某饭店为例谈如何提高饭店企业的核心竞争力

以某饭店为例浅谈饭店个性化服务

以某饭店为例谈饭店服务人员个人能力培养途径

以某饭店为例谈饭店顾客关系管理

顾客让渡价值理论在饭店经营中的运用

试析员工满意度与酒店服务质量的关系

饭店文化对员工行为的影响探讨

浅析饭店服务质量制约因素

论饭店员工激励机制的建立

试论客人投诉的处理和饭店形象的树立

(五)关于旅游市场及旅游消费

演艺旅游市场的现状与发展对策研究

旅游市场细分中的旅游主体消费特征研究

浅析我国出境旅游的现状与发展思路

女性旅游消费行为特征分析

老年旅游市场开发策略研究

入境旅游市场发展规律与趋势分析

入境旅游市场发展现状及存在问题

入境旅游市场地域结构研究

境外游客的消费决策特征分析

入境旅游需求预测研究

国际旅游市场目标定位及市场营销策略

居民出境旅游影响因素研究

入境旅游需求影响因素分析

国内旅游需求影响因素分析及规模预测

影响旅游收入因素的统计学分析

农村居民旅游市场的启动策略

新农村建设与农村居民旅游市场的开发

农村居民旅游消费需求分析与预测

我国农村居民旅游目的地选择行为研究

我国农村居民旅游消费需求变动研究

××省/市/地区国内旅游客源市场分析

××省/市/地区旅游境外客源市场拓展研究

××省/市/地区晚间旅游市场的调查与分析

××省/市/地区农家乐旅游市场的调查与分析

××省/市/地区旅游客源市场开发对策分析

(六) 关于人才培养及其他论题

酒店实习生职业道德素质培训研究

酒店实习生管理研究

酒店专业毕业生职业规划研究

酒店专业毕业生职业规划实践研究

旅游管理专业校企合作人才培养模式探讨

高校酒店管理专业实习存在的问题与对策

浅析我国中、高档酒店的客房布局

试论我国饭店实施绿色营销的现状、任务和发展趋势

以某一饭店为例谈饭店企业文化问题研究

我国经济型酒店生存发展状况分析

谈员工服务意识与企业竞争力提高之间的关系

旅游服务中的语言艺术

旅游教育发展趋势研究

关于我校旅游管理专业建设的思考

面向 21 世纪旅游管理专业人才培养及课程体系的研究

教学方法和教学手段改革初探

导游员印象管理的动机与策略

对导游"导购问题"的分析与破解

导游薪酬制度改革的分析与对策

由体验旅游看新时代导游的发展方向

旅游扶贫研究

社区参与对旅游业发展的影响

新形势下我国区域旅游发展研究

旅游事件对城市旅游的影响

旅游业与休闲服务业协调发展研究

旅游业促进现代服务业发展的思路及对策

乡村旅游休闲化提升的目标与战略研究

二、毕业论文实例:《旅游者对无锡地方旅游文化的感知分析》

(一) 摘要和关键词

1. 摘要和关键词

摘　要:无锡地方旅游文化中蕴含着丰富的山水文化、园林文化、农业文化、宗教文化、茶文化、紫砂文化、运河文化、名人文化以及曲艺文化等等。本文以携程旅游网站上游客旅行游记为研究样本,利用内容分析法对游客网络评论中所感知到的无锡地方旅游文化进行分析,结果显示游客对于无锡地方旅游文化感知最为强烈的是无锡的宗教文化、山水文化、园林文化等。游客对于无锡地方旅游文化的感知以积极、正面为主。最后基于游客视角,发现无锡地方旅游文化发展中存在的问题。为使无锡地方旅游文化得到进一步发展,加深无锡地方旅游文化的内涵和深度,提出一些有利于发展无锡旅游文化的措施,以此提升无锡地方旅游文化的吸引力。

关键词:网络文本;无锡;旅游文化;旅游者感知;内容分析法

2. 英文摘要和关键词

Abstract: It is worth mentioning that Wuxi local tourism culture also contains rich water culture, landscape culture and garden culture, agricultural culture, religious culture, tea culture, purple clay pot culture, canal culture, celebrity culture and quyi culture, etc. This paper takes tourist travel notes on Ctrip tourism website as research samples, and analyzes the local perceived tourism culture in Wuxi by using content analysis method. The results show that tourists' perception mainly focus on religious culture, landscape culture and garden culture in Wuxi. Tourists' perception is positive. Finally, based on the current situation of tourists' perception, we find out the existing problems in the development of Wuxi local tourism culture. In order to further expand and deepen the connotation of Wuxi local tourism culture, we propose some measures conducive to the development of Wuxi tourism culture industry, which can make Wuxi tourism develop faster and better and increase the attraction of local tourism culture.

Key words: Online text; Wuxi; Tourism culture; Tourist perception; Content analysis method

（二）正文

1. 绪论

　　旅游文化研究起源于欧美，研究成果丰硕。大家普遍认为旅游文化概念最早出现于1977年美国学者罗伯特·麦金托什和夏洛特·肯特波特出版的《旅游要素、实践和基本原则》一书。在这本书里，作者比较了旅游文化与旅游社会学，这有可能会成为旅游文化研究与旅游社会学研究分离的标志，使之成为旅游科学的一个独立分支。20世纪90年代以来，国外旅游社会文化研究更加关注游客、旅游目的地对社会文化的影响等方面。在游客研究方面，有几部具有代表性的著作，如玛丽·路易·普拉特的《帝国主义的眼睛：旅行写作和跨文化的演变》、亚利·里德的《游客的心灵：从基加马治到全球旅游》、尤瑞的《游客的凝视》。另外，关于文化对旅游地产生社会影响的研究还有很多。西方旅游文化研究的另一个重要研究方向是旅游休闲文化研究。旅游消费文化已成为研究旅游文化的新方向。

　　国内旅游文化的研究近况可以用"如日中天"这个词来归纳。早在20世纪80年代初，已经有人指出了文化与旅游有着不可分割的关系。1984年，旅游文化作为一个专业概念应运而生，但目前对这一概念的解释还不够准确。此后，关于旅游文化的零星论述，频频出现在报刊上，一些文化作品也涉及旅游文化。但总体而言，这些研究还很零散，对旅游理论和旅游业的研究还不够重视。20世纪90年代末，我国的旅游文化研究开始从自发的、零散的状态转向自觉的、有组织的状态。旅游文化已逐步成为中国旅游研究中最活跃的领域之一。

　　无锡具有深厚的文化底蕴，通过研究游客对无锡旅游文化的感知情况，了解游客对于无锡的旅游文化印象与文化需求，有利于业界更好地发展无锡的旅游文化。

2. 研究设计

2.1 研究对象地区概况

　　一个国家或地区从历史文化中保存下来的物质和精神遗产，进入旅游市场便成了旅游文化资源，旅游文化资源主要是指名胜古迹、风景优美的景区、宗教民俗设施、相关风俗习惯以及民间礼仪，无锡有着丰富的旅游文化资源，无锡旅游文化产业发展的基础是无锡的旅游文化资源，主要包括以下五类：

表1　无锡市旅游文化资源的类型结构

文化类型	文化内涵	代表景点或活动
历史文化资源	吴文化	泰伯庙、泰伯墓、吴文化博览园等
	运河文化	京杭大运河无锡段、伯渎港、清名桥、水弄堂等
	民族工商业文化	荣巷、茂新面粉厂、古运河沿岸的工商业文化遗址等
	名人文化	徐霞客故居、钱锺书故居、秦邦宪故居等
	特色历史街区	清名桥、惠山古镇、荣巷、小娄巷等

(续表)

文化类型	文化内涵	代表景点或活动
现代文化资源	现代城市风貌	中山路商业街、崇安寺步行街、南禅寺文化商城等
	娱乐文化设施	无锡影视基地、灵山大佛宗教主题景区等主题乐园
民俗文化资源	民间演艺	三国城三国故事演艺、水浒城水浒故事演艺、唐城唐宫演艺、太湖仙岛演艺等
	地方文化	江南丝竹乐与道教音乐、锡剧、吴歌、绘画、惠山泥人、刺绣、紫砂陶文化
	现代节庆活动	阳山桃文化节与阳山集贸日、太湖艺术节、吴文化艺术节等
	特色饮食	无锡酱排骨、无锡城区真正老陆稿荐、王兴记馄饨店等
山水文化资源	山水风光	锡山、惠山、太湖、蠡湖等
	山水文学	《惠山寺记》《过太湖》《蠡园唱答》《湖山歌》等
	园林风光	寄畅园、梅园、鼋头渚等
	休闲娱乐	依托太湖、蠡湖以及古运河开展的水上休闲娱乐活动等
宗教文化资源	佛教文化	惠山寺、南禅寺、翠微寺以及佛教宗教节日及活动等
	道教文化	玉皇观、白云洞、洞灵观、张公洞以及道教音乐等

(1) 历史文化资源。无锡市具有深厚的历史文化底蕴,吴文化是长三角地区所共有的文化,无锡不仅有共享的文化——吴文化,还有其本身特有的文化特点。无锡旅游内容之丰富以及旅游特色的独特性这些都与无锡独特而深厚的历史文化有着千丝万缕的关系。

(2) 现代文化资源。本身具有时代特征,是人类改造自然的新成果。主要包括文化娱乐设施、区域交通设施、科技产业成果等。

(3) 民俗文化资源。它能够展示出一个地区的特色。有着"音乐之乡"之称的无锡,有道教音乐和江南丝竹以及地方特色浓郁的吴歌、锡剧。无锡还有着丰富多彩的工艺品,包括泥塑、绘画、刺绣、陶瓷等。特别是在国内外享有很高声誉的宜兴紫砂壶和惠山泥塑。

(4) 自然山水文化资源。无锡风景秀丽,自然风光优美,名人诗文极大地丰富了无锡的风景文化。无锡地区的文化景观为自然山水,增添了人文内涵,其中最鲜明的表现是山中建造了许多庙宇,从惠山、西山到太湖岸边,庙宇触目皆是。

(5) 宗教文化资源。无锡拥有多元的宗教文化,包括伊斯兰教、佛教、基督教和道教,其中最受欢迎的是佛教和道教,相关建筑也是最多的。宗教文化资源包括碑刻、塔楼、金铜雕像、宗教节日和宗教活动、宗教音乐和宗教名人等。

2.2 研究方法

内容分析法是美国著名传播学家贝尔纳·贝勒森提出的一种对明确特征内容进行客观、系统、定量地描述和传达的方法。本文的研究对象是游客在携程旅游网站上的旅行游记,通过对游客旅行游记的分析,将非量化的文字内容转化为量化的数据,发掘出旅行游记背后的宝贵信息,为有兴趣参加无锡旅游的潜在旅游者提供参考,也为无锡旅游文化发展提供有价值的信息。本文主要从词频、语义网络和情感等维度进行分析,提取与本研究相关的高频词,然后再对文本进行定量分析。研究的主要内容是通过对游记文本中呈现出的游客对无锡旅游文化的评价进行深度分析,获得游客对无锡旅游文化的感知情况,丰富感知理论在旅游学中的应用,为无锡的旅游文化发展提供一定的理论依据以及相应的改善建议。

2.3 研究步骤

2.3.1 样本选取

通过提取游客旅游笔记中的评价信息,了解游客对当地情况的认知和印象。中国大型旅游电子商务网站有马蜂窝、同程网、乐途网、携程网等等,本文通过在大型旅游社交网站游记一栏输入关键词"无锡旅游",查找到许多在无锡旅游的游客的旅行笔记,从中筛选了很多以在无锡的旅游经历和印象为主要内容的部分,从而了解游客在无锡感知到的各种旅游文化因子。

2.3.2 网络文本获取

中商情报网公布的 2017 年我国旅游出行 APP 排行榜显示(如表 2 所示),携程以月活跃用户 5 643.37 万人,环比增速 12.77% 的领先优势位居第一,其次是去哪儿旅行。在劲旅咨询公布的 2016 年 1 月份中国在线旅游网站用户覆盖数 TOP30 排名中(如图 1 所示),携程和去哪儿占据了第一和第二名,鉴于此,笔者对携程和去哪儿两个网站上的无锡游记进行了对比分析,发现携程网上无锡游记样本量、游客浏览量以及游客回复量较高,因此,选择了携程网上的游记文本作为本次研究的数据来源。截止到 2018 年 3 月 1 日,携程网共有 3 328 篇无锡游记。近年来,无锡旅游业发展迅速,考虑到游记具有一定的时效性,本文选取了从 2017 年 1 月 1 日到 2017 年 12 月 31 日的无锡游记,去除了 2017 年之前的无锡游记,同时为了保证研究结果的科学性,去掉纯照片的旅行笔记和仅有少量文字的照片游记,去掉纯景点的介绍,游记文本必须包括游客的旅游安排和游览经历,按照以上标准,选取了 300 篇大致符合要求的游记文本作为本文研究对象,这些游记描写了游客在旅游目的地的旅行经历和印象,游记里面主要有图片和文字,本文只将文本内容提取出来,然后对所有文本内容进行筛选,之后再将所有文本内容复制到 txt 文档中,对文本内容进行内容分析。

表2 2017年7月旅游类APP用户规模排行榜TOP20

排名	APP名称	月活跃用户(万人)	环比增速%
1	携程旅行	5 643.37	12.77%
2	去哪儿旅行	5 133.84	6.63%
3	12306官方版	4 156.86	5.95%
4	飞猪旅行	1 179.76	1.87%
5	智行火车票	935.28	9.82%
6	途牛旅游	791.28	9.70%
7	高铁管家	639.82	12.16%
8	同程旅游	509.42	5.07%
9	马蜂窝自由行	500.08	10.46%
10	铁友火车票	383.9	3.17%
11	航班管家	337.05	1.32%
12	飞常准	327.45	12.25%
13	艺龙旅行	306.69	15.92%
14	航旅纵横	295.52	7.25%
15	猫途鹰	288.62	15.23%
16	驴妈妈旅游	228.62	54.74%
17	Airbnb	218.53	5.54%
18	华住	190.14	−3.92%
19	盛名列车时刻表	184.3	8.79%
20	巴士管家	182.27	−6.02%

中国在线旅游网站2016年1月份用户覆盖数监测统计

网站	用户覆盖数
去哪儿网	1 170
携程旅行网	695
阿里旅行去啊	464
马蜂窝	369
驴妈妈旅游网	340
芒果网	323
穷游网	251
途牛旅游网	238
走吧网	132
艺龙旅行网	131
必爱旅行网	112
户外资料网	107
春秋旅游网	94
同程网	65
十六番	63
酷讯旅游	62
欣欣旅游网	59
乐途旅游网	43
腾邦国际	41
80天环游网	40
小猪短租网	38
旅游名店城	30
翼游旅行网	29
铁友旅行网	27
世界邦旅行网	26
天巡网	21
要出发	18
途家网	17
一块去旅行网	16
半胖旅游网	15
旅游百事通	15
游多多旅行网	15

用户覆盖数

0　　　　500　　　　1 000　　　　1 500

单位:平均每百万名Alexa安装用户的访问人数(人/百万人)　　www.ctcnn.com

监测时间:2016年1月1日—1月31日　　　　　　监测发布:劲旅网—劲旅智库

©劲旅智库2016　　备注:因互联网用户媒体取向差异可能造成数据偏差.数据仅供参考.

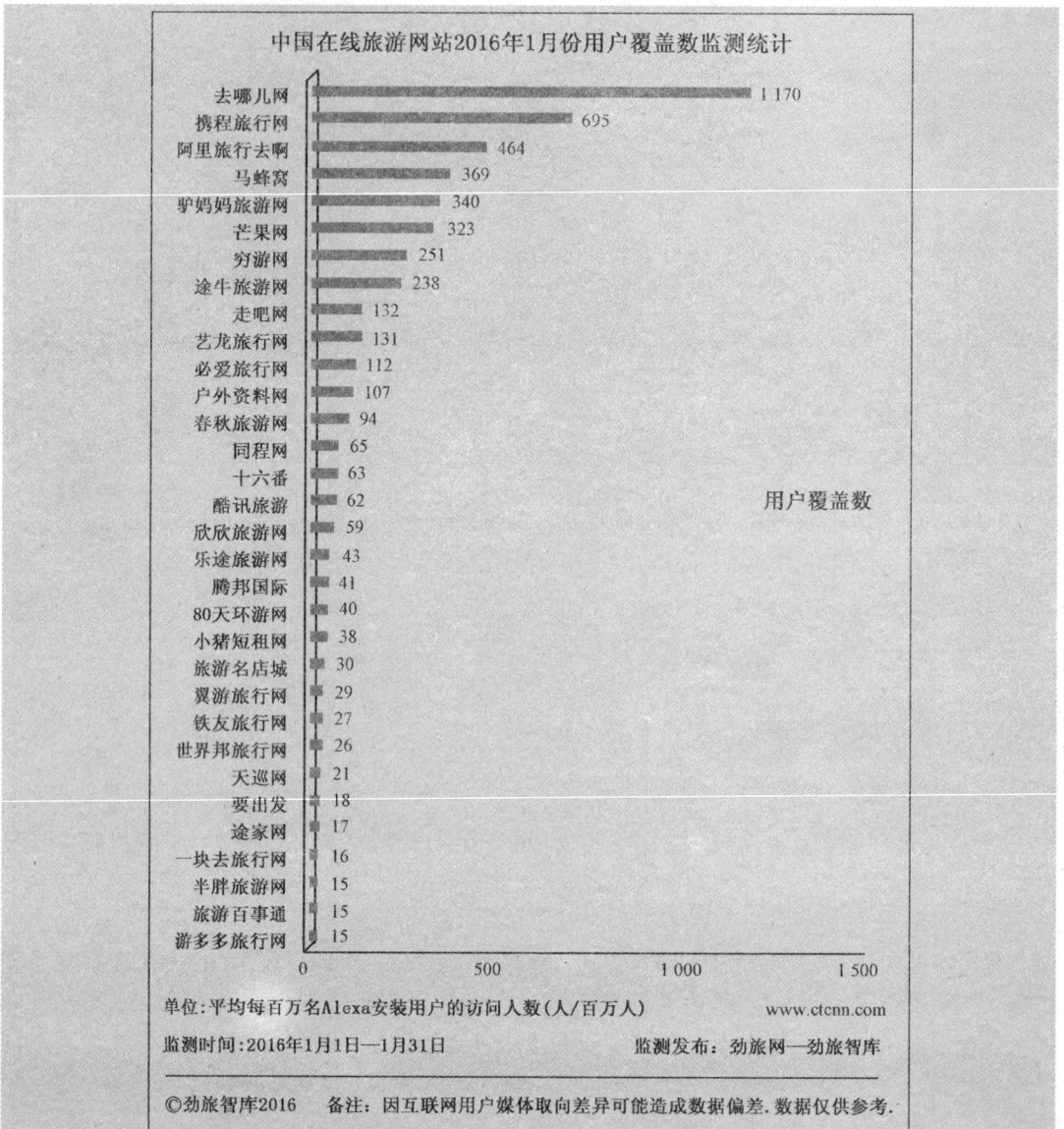

图1　中国在线旅游网站2016年1月份用户覆盖数监测统计

2.3.3　文本内容分析

本文采用ROSTCM6.0软件进行统计分析。该软件是一种内容挖掘系统软件,它是由武汉大学信息管理学院沈阳教授开发的,针对网页、论坛、博客、微博等网络信息源,可以进行分词、词频统计,以及聚类、相关性、相似性、情感倾向、共现、同被引、时序、趋势、词频爆发、语义网络及社会网络分析,达到内容挖掘、文本分析、知识处理等目的。本文将摘取到的txt文档导入软件中,结合无锡独特的景点名称(如灵山大佛、鼋头渚、惠山古镇等)、无锡不同景区所独有的旅游资源(如鼋头渚的樱花、梅园的梅花、灵山大佛的佛以及拈花湾的禅等),建立后续文本分析的词表库。利用ROSTCM6.0软件对所有数据进行分词处理,形成待分析文本,再进行词频分析、语义网络分析、情感分析,得到游客对无锡旅游文化的感知的内容和结构。

3. 研究结果分析

3.1 高频特征词分析

通过对游客游记文本进行高频词的统计分析,提取了前50个(见表3)关于无锡地方旅游文化的高频特征词。游客对无锡地方旅游文化感知最强烈的是无锡的宗教文化,其次是山水文化与园林文化,最后是历史文化,而游客对无锡宗教文化的感知主要表现在对灵山大佛,拈花湾,锡惠里的锡山寺、南禅寺、惠山寺等景区的评价中:"值得推荐一去""无锡标志性景点""禅行花雨""比较震撼""非常棒""江南第一佛教圣地""门票

表3 排名前50位高频特征词汇总表

高频特征词	频次统计	排名	高频特征词	频次统计	排名
拈花湾	2 065	1	梅园	277	26
鼋头渚	1 815	2	水浒城	268	27
太湖	1 296	3	度假	267	28
惠山	1 116	4	佛教	264	29
古镇	1 114	5	味道	261	30
禅	920	6	免费	250	31
宜兴	850	7	火车站	240	32
江南	752	8	博物馆	233	33
樱花	737	9	美食	232	34
文化	666	10	服务	202	35
风景	544	11	清名桥	201	36
运河	495	12	寄畅园	182	37
灵山大佛	484	13	方便	170	38
胜境	438	14	龙池山	161	39
蠡园	434	15	码头	157	40
历史	429	16	阳羡	156	41
门票	426	17	美丽	155	42
竹海	368	18	馄饨	138	43
锡惠	348	19	太湖仙岛	137	44
南长街	346	20	惠山寺	130	45
自然	334	21	泥人	130	46
蠡湖	306	22	小吃	121	47
南禅寺	295	23	崇安寺	118	48
体验	294	24	三国城	114	49
公交	292	25	风光	105	50

贵""洗涤心灵""景色美""美食步行街""热闹""佛寺"。游客对无锡山水文化与园林文化的感知主要表现在对鼋头渚、锡惠公园、梅园、太湖、寄畅园等景区的评价中:"樱花很美很多""太湖上的景点""值得游玩""人多""景色很美""太湖美""湖面大""像海一样宽阔""江南园林"。游客对无锡历史文化的感知主要表现在对惠山古镇、清名桥、荣巷、徐霞客故居、东林书院等景区的评价中:"江南古镇""江南水乡""商业气息太重""历史悠久的古街""古色古香"。出现频率最高的特征词排名依次为"拈花湾""鼋头渚""太湖""惠山""古镇"。意外的是,无锡热门景点三国水浒城在游记中却很少被提及,这从侧面可以反映出游客对在三国水浒城中所感受到的旅游文化并没有留下很深刻的印象,换句话说,三国水浒城没有特别能够吸引游客并且能够让游客在游记中提及的旅游资源。

20世纪30年代,美国语言学家齐普夫发现,如果以特定的词在文本中出现的频率为横坐标,以特定的词的排名为纵坐标,则特定词出现的频率在笛卡尔坐标系中将呈现长尾分布(图2)。随后,有些学者将中国作为旅游目的地进行实证研究,了解到游客用来描述旅游目的地形象的词分布状态符合幂律分布中的长尾模式,即少数词使用非常频繁(在长尾曲线的头部),大多数词使用非常少(在长尾曲线的尾部)。从游客需求来看,游客需求主要集中在灵山景区、鼋头渚、惠山古镇等三个景区,可以称之为公共需求。而个性化的需求、分散的小众需求是分布在尾部的,这些边缘需求往往被忽视,如清名桥、博物馆等文物古迹以及寄畅园、蠡湖等园林文化景观。但是,把所有利基市场加起来,比大众市场更大。目前,越来越多的传统产业开始关注更广阔的尾部市场。一些学者已经证实,基于长尾分布的利基词语在网络条件下往往表现出较强的出行意愿。因而,无锡旅游文化市场的开发应该重视这些利基市场的潜在价值。

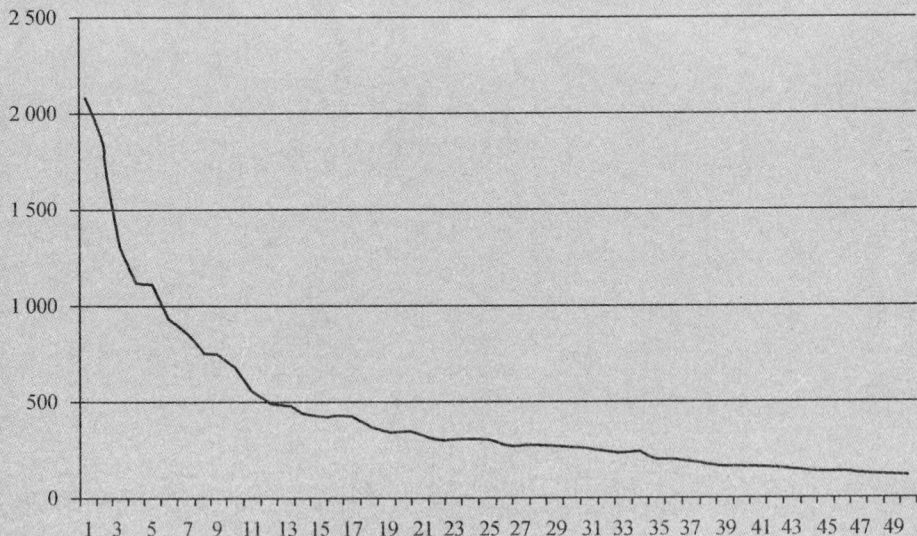

图2 高频词的长尾分布

3.2　语义网络及情感态度分析

3.2.1　语义网络分析

通过高频特征词统计分析,可以了解到来锡旅游者关注的主要领域。但并不知道每一个分词之间的联系和评论文本深层的语义结构。语义关系与概念表达知识的网络图就是语义网络。它由节点和节点之间的连接组成。节点表示动作、属性、概念、状态等。连线表示连接节点之间的语义关系。本文建立了基于共现词频的文本语义网络(见图3)。共现词频是指文本形成前后高频词的共现次数,能很好地反映和展示旅游景区系统的结构,为旅游形象结构的构建提供依据。通过图3可以看出,游客对无锡旅游目的地形象的认知与作为无锡风景名胜区而被游客深深铭记并处于核心层次的拈花湾、鼋头渚、太湖密切相关。二是灵山大佛、惠山古镇、古运河,作为无锡近年来建设的重点旅游景点,也为越来越多的游客所知;边缘地带主要有南禅寺、清名桥、南长街、东方田园、龙池山等旅游景点。

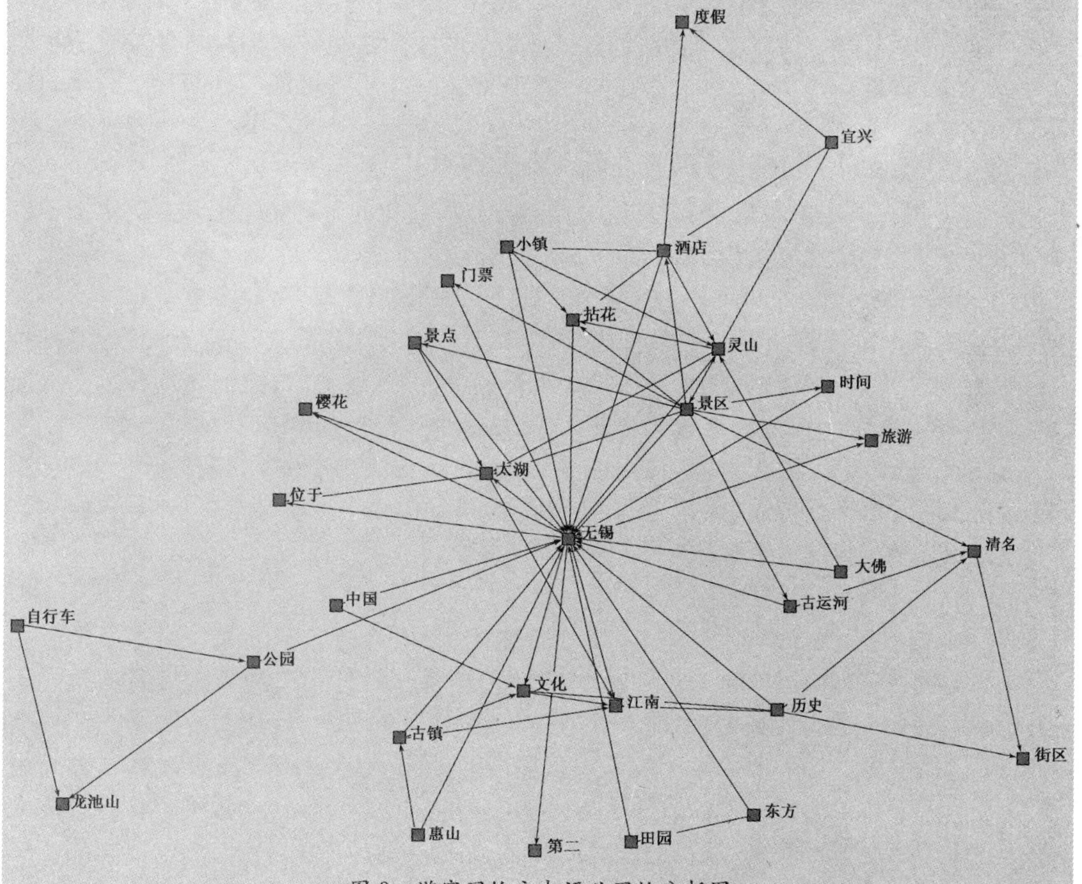

图3　游客网络文本语义网络分析图

3.2.2　情感态度分析

情感态度主要是对游客在游记中运用的一些带有感情色彩的名词、形容词等进行分析,得到游客对旅游目的地或景区的印象和认知态度。本文使用了ROSTCM6.0中的"情感分析"功能,通过这一功能的分析发现,游客对无锡地方旅游文化整体感知的认同度较高,大部分的游客持积极态度,即49.55%,有较好的整体印象,主要表现在"江南水乡""古色古香""值得推荐一去"

8.35%

49.55%

42.10%

- 积极情绪
- 中性情绪
- 消极情绪

图4　游客对于无锡地方旅游文化的文化感知的情感分析

等方面,但是也存在一些代表负面情绪的感知和评价,占8.35%,如"太湖水太臭""景区不够整洁"等方面,还有42.10%的游客持中立态度,觉得"就这样""还行吧""一般般""没什么地方特色"等等。

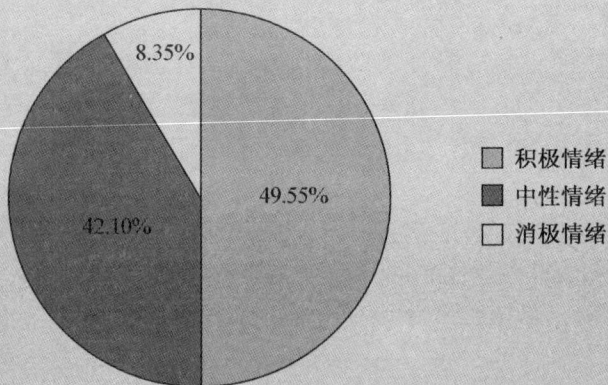

3.3　各文化感知因子分析

通过对网络文本的收集整理,发现无锡地方旅游文化的游客文化感知主要集中于宗教文化、山水园林文化以及历史文化三大类文化上。

3.3.1　宗教文化感知

从高频特征词的统计数据可以发现,游客对无锡宗教文化的感知主要体现在对佛教文化的感知。无锡以佛教文化为主题的景点有灵山大佛、拈花湾、锡山寺、南禅寺、惠山寺,其中,游客在灵山大佛对于佛教的文化感知最为强烈。

在宗教文化感知方面,游客的认同度较高,都把灵山大佛当作"无锡标志性景点",出现"值得推荐一去""比较震撼""洗涤心灵""江南第一佛教圣地"等说法。但也出现了"景区不够整洁"的评价。

3.3.2　山水园林文化感知

游客对于山水园林文化的感知主要体现在鼋头渚、惠山以及太湖这三个景点。如"鼋头渚的樱花""惠山的锡惠公园""太湖的太湖美景"等,其中出现频次最高的是鼋头渚,游客对其评价也是最高的,出现了"鼋头渚的樱花堪比日本、武汉大学的樱花""太湖仙岛很有江南特色"等评语。其次是惠山公园,出现了"景色很美""江南园林""大而精致""自然与古迹的结合"等评语。最后是太湖,出现了"太湖湖面宽阔,波澜壮阔""江南胜景""宁静优雅的湖泊"等评语。但是对于这三个景点都出现了"水质太差"的评语。

3.3.3　历史文化感知

游客对无锡历史文化的感知主要体现在惠山古镇、清名桥和东林书院这三个景点。如"惠山古镇里面的天下第二泉""惠山古镇每年举办的菊花展""清名桥的夜景和酒吧一条街""东林书院的历史气息"等,其中惠山古镇出现的频次最高,对其评价也是最高的,出现了"细致精巧""无锡特色古镇""古色古香""都市里的桃源"等评语。其次是清名桥，出现了"白天晚上不同风情""历史久长""动中有静，闲适小景""古街风情"等评语。最后是东林书院，出现了"中国著名的书院之一""人文胜地，景幽人稀""闹市里的一片安静"等评语。但是对于这三个景点，游客对其历史故事知之甚少，几乎没有提及。

4. 结论与讨论

景区的改善就是为游客提供更好的产品和服务。提升游客满意度是景区工作的重点和动力，游客感知是游客满意度的直接反映。了解游客对无锡旅游文化的感知，对进一步发展无锡地方旅游文化，加强无锡旅游景区的建设和管理具有重要作用。

4.1 旅游者对无锡地方旅游文化的感知重点

通过对前50个旅游者对无锡地方旅游文化的感知的高频词的统计分析，旅游者对无锡地方旅游文化的感知重点主要集中在三个方面：宗教文化、山水园林文化以及历史文化。旅游者对无锡宗教文化感知主要体现在佛教文化方面，其中灵山景区的感知最强，其次是南禅寺，最后是惠山寺，对于其他方面的宗教文化，如道教文化则很少提及。旅游者对无锡山水文化感知主要体现在鼋头渚、惠山以及太湖这三个景点。而游客对无锡历史文化的感知主要体现在惠山古镇、清名桥和东林书院这三个景点。

通过对旅游者对无锡地方旅游文化的感知重点的总结，可以发现旅游者对无锡地方旅游文化的偏好与无锡地方旅游文化供应间存在明显的错位。旅游者对无锡其他地方旅游文化资源如现代文化资源、民俗文化资源感知不强烈，这种现象与景区本身的旅游文化吸引力小以及宣传力度不够都有很大的关联。要想转移旅游者对无锡地方旅游文化的感知方向，景区需要对本身的旅游文化进行挖掘、发展以及宣传。当然，要想真正地吸引游客的目光，旅行社路线的策划和政府的支持也是至关重要的。

4.2 大众市场与利基市场

通过对高频词的长尾分布的分析，发现游客需求主要集中在灵山景区、鼋头渚、惠山古镇等三个景区，可以称之为公共需求，即大众市场。而个性化的需求、分散的小众需求是分布在尾部的，这些边缘需求往往被忽视，如清名桥、博物馆等文物古迹以及寄畅园、蠡湖等园林文化景观，这些就是利基市场。

就无锡目前的旅游市场来看，无锡的旅游文化资源的供给明显大于游客的需求，如果可以用这些小众的需求来均衡公共需求，对发展无锡旅游文化有很大的推动作用，这个时候政府的支持可以说是不可或缺的。目前为止，无锡市旅游局对无锡地方旅游资源的宣传，基本都集中在灵山景区、鼋头渚景区以及三国水浒城这三个景区，通常我们在地铁、汽车站、公交站以及高铁站等场所看到的无锡旅游资源推荐内容也是这三个景区，很少会推荐其他的景区。如果官方在对无锡旅游资源的宣传上做出适当的修改，不要将注意力总是放在灵山景区、鼋头渚景区以及三国水浒城景区上，对那些并不怎么热门的景区如蠡湖、清名桥、梅园等等景区也做出相应的宣传，这样可以让旅游者了解到更多的无锡地方旅游文化。

4.3 语义网络

通过对游客游记文本的语义网络进行分析可以发现，在提到"无锡"的时候，游客会联想到"太湖""江南""古运河"等词，而不会联想到"吴文化"，这从侧面反映出游客对于无锡的历史文化缺乏了解。在提到"太湖"时,游客会马上联想到鼋头渚,蠡湖却很少能够被提及,这说明官方在对太湖资源进行宣传时,没有对蠡湖景区投入足够的宣传,没有让游客对蠡湖产生足够的兴趣。在提到"古镇"时,惠山古镇总是在首位,无锡的荡口古镇被提及的次数远远少于惠山古镇被提及的次数。在提到"小镇"时,游客首先会想到拈花小镇以及东方田园小镇,而雪浪小镇很少能够被游客提及。在提到"古运河"时,游客对清名桥的印象最深,对吴桥却知之甚少,横贯于无锡市的古运河段是从吴桥经西水墩、南门至清名桥的长约 6 公里的河段,这一河段最具江南风情,吴桥也可以和清名桥一样展现出古运河的独特风情,让游客更多地了解到无锡古运河的旅游文化。

通过以上的总结,可以了解到每个景区都是独立宣传的,景区间缺乏有效互动,建议相似旅游文化景区间可以像灵山大佛与拈花湾一样合作宣传,这样可以有效地带动别的旅游景区的发展,还可以在旅游旺季时缓解压力,起到保护旅游环境的作用。具体建议如下:

首先,可以利用集群发展的方式来宣传高质量的旅游景点。在空间上相邻的文化遗产也可以采取集群发展的方式,形成具有较强吸引力的精致旅游景点。

也可以采取联合开发的方式,形成具有当地特色的旅游线路。为了吸引对某一特定文化感兴趣的游客并且能够顺利形成具有当地特色的旅游线路,可以将文化遗产的发展与相应或相辅相成的文化资源开发相结合。

再次,可以选择合适的地理位置设计大众旅游线路。这种方法对于位于风景名胜区或大型旅游景点附近的文化遗产很有用。

4.4 情感态度

通过分析游客的情感态度,发现游客的 8.35% 的负面评价普遍集中在"水质差""景区不够整洁"这几个方面,42.1% 的持中立态度的游客做了"没什么地方特色""一般般""就这样"等评价,从这些负面评价和中性评价可以看出,无锡的旅游环境建设有待加强,需要在自然环境与人文环境上采取相应的保护和开发的措施。

4.4.1 自然环境存在的问题及建议

在自然环境上,由于处于太湖区域的风景区污水处理不力,污染大大超过了旅游环境的承载力,核心风景名胜区湖水严重富营养化,蓝藻猖獗,臭气熏天,旅游环境质量受到了严重的影响,同时也降低了旅游体验的舒适性,无法启动互动性强的水上项目。为了改善太湖水质和提高景区的整洁度,提出以下建议:

首先,政府及相关部门可以加大对太湖水资源保护的宣传力度,强化公民的环保意识,让公民一起参与到控制湖泊富营养化的活动中来,在容易被污染的太湖区域,加大宣传和检查力度,尽可能地减少随地扔垃圾现象,提高人们的环保意识,让保护太湖水成为人们的自觉行为。

其次,要想彻底解决太湖水质的问题,光靠民众的力量肯定是不够的,这时政府的帮助尤为重要,要想彻底治理太湖水,还需要政府及相关部门投入大量的人力和物力,从源头解决问题,建议政府及相关部门将太湖方圆千米内的工厂全部关闭,将所有养蟹户聚集到一起,为他们专门建造一个科学化的现代养蟹基地,然后逐步关闭太湖养殖区,让太湖回归到原初的自然秀美状态。

4.4.2 人文环境存在的问题及建议

在人文环境方面,无锡的旅游资源开发特别重视太湖风景、人工景观和江南园林。文化取向和历史文化的主流方向不够明确,吴文化的特点不明显。特别是无锡作为全国工商业的发祥地之一,仍处于工商业文化的隐蔽状态,弱化了传统文化的优势。目前,许多风景区刚刚恢复原来的建筑风貌。文化、传说等软性内容尚待挖掘,因此有必要对名人旅游内容和历史演变进行深入研究和挖掘。

无锡是吴文化和民族工商业的发源地。有着独具特色的江南文化和太湖文化。无锡旅游文化建设必须体现无锡的文化特色。目前,泰伯墓、泰伯庙、吴文化公园等吴文化景点分散,游客难以深入了解吴文化,这对吴文化资源与形象建设的整合是不利的。一方面,景区基本上没有参与性活动,单一旅游形式无法充分展现吴文化的丰富内涵。另一方面,吴文化旅游资源的开发缺乏创造性和普及性,普通游客难以从旅游中获得更多的知识和经验。另外,吴文化景区还存在建设和保护投入不足,旅游设施和配套服务不完善等问题。

为进一步加强无锡地方旅游文化建设,增强旅游者的文化感知,提高旅游者的满意度,真正实现其文化价值,提出以下建议:

建立吴文化品牌,发展无锡当地旅游文化。以名胜古迹为主题,开发旅游资源和旅游文化景观等旅游品牌。无锡有着浓厚的吴文化氛围,3万公顷的太湖,古村落泰伯庙,江南第一惠山的春申涧、"吴文化"历史遗址的旅游都可以成为无锡旅游的重点,悠久的历史和众多的古代遗迹可以为游客带来无与伦比的独特感受。自勾吴成立以来,优秀人才不断涌现。出生在无锡的杰出人才无论是政治、经济、文化还是军事、艺术人才占据了很大一部分。无锡以"吴文化"为旅游品牌,不但可以发扬"吴文化"的精神,而且还可以吸引世界各地的人来研究和探索"吴文化"。历史神话传说,吴文化并不缺乏。在此基础上,吴歌、吴文化、太湖传说等文化因素是推动吴文化旅游不可或缺的一部分。以上述三条主线为龙头,旅游品牌以"吴文化"为导向,合理配置旅游资源,既体现了无锡悠久的文化历史,体现了无锡城市景观的美感,又体现了无锡旅游文化的地方特色。

(三) 参考文献

[1] 梁峰.基于网络文本分析的无锡旅游地形象感知研究[J].无锡商业职业技术学院学报,2017,17(2):34-38.

[2] 米雨.旅游文化与文化旅游的相关理论与实践问题[D].四川:四川职业技术学院文化传播系,2017.

[3] 尹小娜,郑向敏.基于网络文本分析的三坊七巷游客文化感知研究[J].北京第二外国语学院学报,2015,09(37):62-66.

[4] 郭胜.旅游文化的整合、创新及其启示——以无锡市为例[J].江苏社会科学,2011,(1):231-234.

[5] 董婷.浅议无锡旅游文化产业[J].现代经济信息,2009,(1):34-36.

[6] 董婷.无锡文化旅游市场的发展研究初探[J].市场论坛,2009,(11):78-79.

[7] 丁婧.无锡吴文化品牌旅游的开发研究[J].苏州教育学院学报,2013,(1):65-67.

[8] 赵良成,尚晓娜.基于游客凝视的三亚旅游意象研究[J].嘉应学院学报,2017,11(35):85-89.

[9] 孙九霞,王学基.旅游凝视视角下的旅游目的地形象建构——以大型演艺产品《印象·刘三姐》为例[J].贵州大学学报:社会科学版,2016,34(1):47-57.

[10] 胡海霞.凝视,还是对话?——对游客凝视理论的反思[J].旅游学刊,2010,25(10):72-76.

[11] 董婷.浅议无锡旅游文化产业的发展[D].东南大学人文学院旅游学系.2009,(10):34-36.

[12] CROMPTON J L. An assessment of the image of Mexico as a vacation destination and the influence of geographical location upon that image[J]. Journal of Travel Research,1979,17(4):18-23.

......

(四) 致谢

四年的大学生活即将结束。想向母校、家人、老师和同学表示衷心的感谢。感谢我的家人对我大学学习的支持,感谢我的母校提供的良好的学习环境,感谢老师和同学在过去几年中的关心和鼓励。老师在课堂上的热情教学,同学的热情和积极主动的学习态度,都让我印象深刻。本文的设计得到了许多老师和同学的支持。其中,×××老师对我的关心和支持尤为重要,他总会抽出时间回答我的问题并和我一起讨论解决方案,在毕业设计的每个阶段都给予我无私的帮助,包括选题、论文大纲、中期检查、论文修改,以及论文后续的工作。在此向×××老师表示崇高的敬意和诚挚的谢意。这篇文章的写作也得到了很多同学的热情帮助。感谢在整个毕业项目中与我密切合作的同学,真诚地感谢你们!

三、毕业论文实例:《某某西餐厅关系营销研究》

(一) 摘要和关键词

1. 中文摘要及关键词

摘要:关系营销,是把营销活动看成一个企业与消费者、供应商、分销商、竞争者、政府机构及其他公众发生互动作用的过程,其核心是建立和发展与这些公众的良好关系。在酒店关系营销概念里,必须处理好顾客、供应商、员工、竞争者、影响者这五个子市场的关系。本文以无锡某某饭店的某某西餐厅目前的关系营销现状为基本素材,结合相关理论和现实研究成果,探析了某某西餐厅的关系营销现状和在开展关系营销中存在的主要问题。并提出了比较适合某某西餐厅当前状况的关系营销策略。
关键词:顾客忠诚度;关系营销策略;影响因素

2. 英文摘要及关键词

Abstract: Relationship marketing is a process of marketing activities in which an enterpreneur interacts with consumers, supplies, distributors, competitors, government agencies and other agencies. Its core is to establish and develop good relations with these organizations. It is necessary to handle the relationship between customers, suppliers, employees, competitors, influencers of the five sub-markets in the concept of hotel's relationship marketing. This article takes ××'s present status of relationship marketing as the basic material, combining with the related theory and research achievement, to analyze the relationship marketing situation and the problems. Lastly this article puts forwards relationship marketing tactics for ×× cafe.
Keywords: customer loyalty; relationship marketing tactic; influencing factors

(二) 正文

1.1 绪论

1.1.1 研究背景与意义

20世纪80年代,传统营销观念被关系营销取代,与此相关的理论在国外十分流行,被誉为"20世纪90年代及未来的营销趋势"。现如今,餐饮业发展迅猛,竞争激烈,顾客的力量越来越大,所以大部分餐厅逐渐意识到了忠诚顾客对于餐厅的重大意义,但实际行动和理念之间尚存在差异。面对激烈的竞争态势和薄弱的顾客管理现状,中国的餐厅应该考虑探寻驱动顾客忠诚的营销方法。因此,开展关系营销来提高顾客忠诚度就显得极为迫切。

关系营销是一个与顾客、竞争者、供应商和社会组织发生互动作用的过程,正确处理与这些个人与组织的关系是餐厅营销的核心,是决定餐厅成败的至为重要的因素。目前,许多餐厅通过进行关系营销研究来创造竞争优势。某某西餐厅是某某饭店内的自助西餐厅,对于2007年就建立的某某西餐厅来说,建立、发展和保持与顾客良好的关系十分必要,关系营销的研究也就显得尤为重要了。

1.2 研究框架

```
┌─────────────────┐
│   研究目的及意义    │
└─────────────────┘
         │
         ▼
┌─────────────────┐
│   关系营销理论研究   │
└─────────────────┘
         │
         ▼
┌─────────────────┐
│    某某西餐厅      │
└─────────────────┘
     │        │
     ▼        ▼
┌──────────┐  ┌──────────────┐
│某某西餐厅概况│  │ 某某西餐厅关系   │
│          │  │ 营销现状分析    │
└──────────┘  └──────────────┘
     │        │
     ▼        ▼
┌──────────────────────┐
│  某某西餐厅关系营销存在的问题  │
└──────────────────────┘
         │
         ▼
┌──────────────────────┐
│   某某西餐厅关系营销策略    │
└──────────────────────┘
         │
         ▼
┌──────────┐
│   结论    │
└──────────┘
```

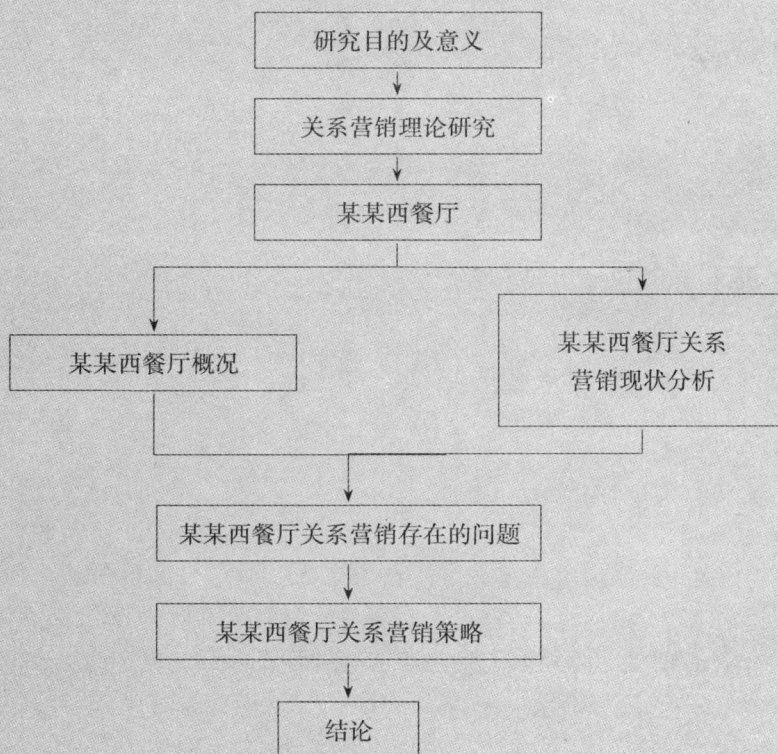

图1 结构框架图

2. 西餐厅关系营销概述

2.1 西餐厅关系营销概述

2.1.1 西餐厅关系营销的定义

关系营销被定义为辨别、建立并保持和深化与客户及其主体的关系,并且在需要时中断这种关系,通过相互交换以及履行承诺使各主体关于经济同其他方面的目标得以实现。

2.1.2 西餐厅关系营销市场模型

在关系营销概念里,餐厅必须处理好顾客、供应商、员工、竞争者、影响者这五个子市场的关系。顾客是企业生存的基础;与供应商的关系决定了企业所能得到的资源数目、质量及获得的速度;员工的稳定是实现外部利益的前提,与竞争者进行合作,可以互相分担、降低费用和风险,增强经营能力,并抑制竞争者产品进入。关系营销必须重视维持和发展这五个市场的关系,依靠跨职能部门分工合作,获取企业的最大收益。

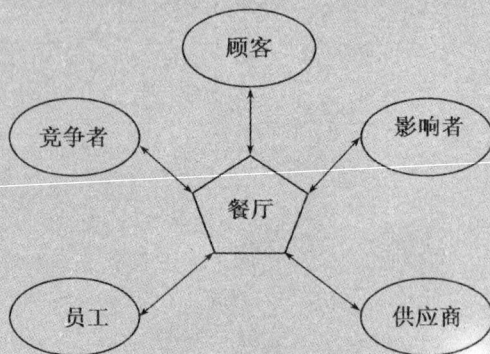

图2　餐厅关系营销市场模型

2.1.3 西餐厅关系营销的特点

西餐厅关系营销是指餐厅在开展营销活动时,运用科学的方法处理餐厅内部和客人、供应商以及利益相关方之间的关系,为客人创造价值,最终实现良好经济效益的一种营销方式。

西餐厅关系营销的特点:

(1)营销活动的核心在于餐厅的价值

餐厅的关系营销是通过制定相应的关系营销策略来留住客人,从而增加客人的"终身价值"。经营者运用关系策略把客人可能在未来为企业带来的价值转化成净现值,并以货币形式表现出来。这种价值是客人长期在餐厅内消费所创造的价值。但是,想要提高客人的"终身价值"的餐厅必须认识到并非所有的客人都可以为企业带来同样的利润。为了提高经营效益,餐厅必须制定出一系列相应关系营销的策略措施,提高目标顾客的创立水平。因此,餐厅必须根据不同顾客的不同特点,灵活设计和发展关系营销,必要时与客人建立"一对一"的营销关系。

（2）营销活动的手段是建立和维持广泛而良好的关系

餐饮关系营销重在吸引和留住客人,在竞争激烈的市场中取得长期的成功,就需要与经营活动有关各方建立良好的关系。包括:与目标市场和客人之间的关系;与为企业提供能源、原料和用品的各种客户的关系;企业与政府机构、主管部门和社区有关部门的关系;企业与媒体公关机构和人员的关系;企业内部各级人员的相互关系。

（3）营销关系建立和维护的协调配合性较强

餐厅的关系营销需要企业高层领导、厨房、采购、财务、能源等各部门配合,只有各个部门从各自的利益出发,正确运用关系营销,才能使各项工作顺利开展。所以,餐厅的关系营销活动必须通过各部门之间的协同合作来完成。

3. 某某西餐厅关系营销现状分析

3.1 某某西餐厅概况

某某西餐厅为某某饭店的内设自助西餐厅,主要提供酒店内住店顾客的早餐,而中餐和晚餐都是对外的,所以适用于关系营销。某某西餐厅酒店位于太湖广场,毗邻各大名胜景点和无锡新区,距无锡火车站仅15分钟车程,20分钟即可到达无锡机场,地理位置优越,交通十分便利。某某西餐厅为全日餐厅,供应零点菜肴及在各个用餐时段提供自助餐。自助餐主要有中式餐、西式餐、水果、甜点、冰激凌、咖啡、茶等。零点主要有开胃菜、汤、比萨、汉堡、三明治、牛扒、亚洲精选等。

3.2 某某西餐厅关系营销现状

3.2.1 某某西餐厅与顾客的关系营销

关系营销的核心是餐厅在获得新顾客的同时,尽量保住老顾客,并尽量使其转为餐厅的忠实顾客。

某某西餐厅的客户关系管理只有对顾客行为和特性的深入分析,才能完整认知顾客的喜好、偏好、习惯等。所以要求每一位服务人员必须记住每一位与餐厅建立了长远关系的顾客,通过与他们简单的交流,了解顾客的姓氏、职业、职位、特殊爱好、特殊习惯等,从而让客人从一进餐厅的瞬间就能感受到家的温暖。

某某西餐厅非常强调服务的标准性,时刻要求服务人员在每一个服务上都符合一个五星级自助西餐厅的标准,同时也强调服务设施规格上的标准,包括顾客直接接触的餐具、口布的洁净性,桌面、地面、墙面的清洁性,装饰物的格调等。

3.2.2 某某西餐厅与员工的关系营销

餐厅在顾客关系管理获得满意和忠诚的顾客之前,必须首先进行同样深度的内部关系管理,保证员工的忠诚度。顾客接触的是餐厅的当区服务员,因此当区服务员便是餐厅实施关系营销的基础。如果没有良好的内部员工关系,餐厅就无法开展工作。所以某某西餐厅一直以来都比较注重员工激励,提升员工的价值,为员工提供职业规划。

某某西餐厅一直都把员工当成餐厅的内部顾客,对不同员工的需求也进行了细分,从而更好地满足个体员工的需求。基层员工更重视薪金和奖金;中层员工在重视薪金和奖金的基础上,还对自身的职业规划和人生发展有一定的计划;高层员工的薪金和奖金已经有了一定高度,因而更重视对餐厅管理的参与度和认可度。因此某某西餐厅通过完善薪酬和奖金制度、营造良好的工作氛围来激发员工的工作积极性。

3.2.3 某某西餐厅与供应商的关系营销

在2007年,某某西餐厅建立的时候,便对供应商进行筛选和评估,并与符合要求的供应商建立战略合作。餐厅与供应商签订初步的合同,实施批量生产,以此来降低采购成本,从而达成长期的互相信任。比如,牛奶供应商为雀巢,红茶供应商为Pickwick,气体饮料的供应商为Pepsi,矿泉水的供应商为Voss和Evian,气体矿泉水的供应商为雀巢的Perrier,酸奶的供应商为蒙牛的冠益乳,果酱的供应商为巧婆婆,软饮料的供应商为橙宝,黄油的供应商为Suki等。

3.2.4 某某西餐厅与竞争者的关系营销

某某西餐厅的重要竞争对手为附近的A酒店内设自助西餐厅,还有无锡市内的其他五星级酒店自助西餐厅。以A酒店内设自助西餐厅为例,某某西餐厅一向与其保持良好的竞争合作关系,摆脱传统营销策略中极端的恶性竞争,能协调利益,互通信息,优势互补。例如在某某餐厅用餐座位被订满时,某某饭店的销售会在征得客人同意后,主动联系A饭店,一旦得知他们餐厅仍有余位后,就会将客人带至他们的自助餐厅。客人非常满意这种延伸超值服务,A酒店也很欢迎这种合作。

4. 某某西餐厅开展关系营销中存在的问题

4.1 顾客识别能力有待加强

科特勒曾经说过:"从本质上说,营销是一门吸引和保持有利可图的顾客的艺术。"因此,并不是所有的顾客都可以给餐厅带来利润,所以餐厅在开展关系营销的时候,要增强识别顾客类型的能力,从而来减少餐厅在开展关系营销时消耗的不必要的人力、时间和金钱。

从识别顾客能力方面来说,某某西餐厅仍需加强。某某西餐厅没有能够很好地处理营利顾客和非营利顾客的关系。对于交易性顾客的投入成本过大,导致忽略了对关系型顾客的精心服务。

例如,现在流行团购,餐厅就在大众点评网和美团网上开展了团购活动,以较低的价格吸引更多的顾客前来消费。但是,大量的团购顾客给餐厅带来了一定的负面影响:(1)大部分团购顾客属于交易型顾客,没有足够的经济能力与餐厅建立一种长期的关系。(2)大部分团购顾客抱着"吃回来"的态度前来用餐,节约粮食的意识薄弱,通常取超过自己能力范围的餐量,最后服务人员只能将其扔掉,对餐厅的食物造成了极大的浪费。(3)部分团购客人的浪费行为和不当的餐桌礼仪破坏了餐厅的形象,降低了餐厅的格调,影响餐厅的用餐氛围,引起少数客人的不满。(4)顾客对服务人员提出繁杂的要求,加大了服务人员的工作量,从而减少了对关系型顾客的照顾。

4.2　缺乏完善的顾客数据库系统

某某西餐厅的顾客主要以常住顾客、商务企业顾客和家庭聚餐顾客为主。常住顾客是在酒店住店至少一个月的顾客,商务企业顾客一般为企业高管,家庭聚餐的顾客一般是餐厅的老顾客。

某某西餐厅对顾客信息数据的整理仅局限于人工记忆,还没有上升到建立完善的电子数据库。在信息技术迅速发展的今天,建立完善的顾客信息数据库就显得尤为重要了。人工记忆的缺陷:(1)记忆储存量小,顾客众多,并不能大量地记住顾客的信息。(2)记忆穿插,张冠李戴,搞错顾客的信息,这种情况比记不住信息更严重,严重到可能导致该顾客放弃与餐厅的长期关系。(3)信息不全面,一般员工只能记住顾客的姓氏,其实,在很多情况下,顾客的职业、手机号码、家庭成员、个人喜好等方面都需要记忆,这些数据内容是人工记忆办不到的。

4.3　缺乏与顾客的情感沟通

餐厅与顾客建立、维持关系的过程,就是与顾客的沟通过程。只有创造有效的沟通交流的时候,顾客关系才得以建立并保持下去。在与顾客沟通方面某某西餐厅采取的措施仍有很大的提升空间。

在很多情况下,情感要素是加深关系的催化剂,餐厅与顾客的关系也同样适用。将情感要素融入产品和服务中,可以使顾客对本餐厅产生一种偏爱和依赖,从而可以使这种顾客关系更加稳定持久。

某某西餐厅在提供基本服务和菜品上做得非常好,从领位、摆台、撤餐具、结账到送客一系列流程都做得符合高档次的服务水平,但这一流程任何一个同档次的西餐厅都可以做好,所以,只有敏锐察觉顾客的特殊需要、了解客人的心理、照顾体谅客人来增进双方的感情,提供个性化或人性化服务,才能达到让客人惊喜的程度。在提供细节服务上,某某西餐厅还略有欠缺,还需细化和完善。

4.4　餐厅部分菜品不新鲜

在餐厅,使用优质的原料是出好菜的前提。不新鲜的原料包括两个方面,一方面是变质、变色、过期的食品原料,另一方面是指第一天出库没有用完,已经涨发、解冻、冲水而没有用完的原料。以上两种不新鲜的食品原料若被顾客食用,都会让客人对餐厅的食品安全产生不信任的情绪,对餐厅的形象产生极大的负面影响。

某某西餐厅在这方面需要改善。例如,餐厅早餐提供盒装酸奶,闭餐时会把剩下的酸奶重新放回冷藏箱。以上做法在节约成本方面是没有问题的,但是如果没有注意到食品保质期这一因素,就会很容易让顾客食用到变质的水果和酸奶。因此,某某西餐厅在保证食品新鲜的工作上仍需加强。

4.5　缺乏网络渠道与传统渠道的有机结合

网络是人们生活中了解新鲜事物的主要渠道,然而,某某西餐厅的宣传渠道上忽视了与网络渠道(网站、邮件)的有机结合,也就忽略了一大片潜在消费者。因此,某某西餐厅对网络渠道需加强重视,以便挽回以网络为主要渠道的潜在消费者。

4.6 供应渠道过窄

虽然与供应商建立长期合作伙伴关系非常重要,但是对于实力较弱、质量不稳定、信用差的供应商,应该取消与其的合作。

例如,某某西餐厅自建立以来提供的牛奶均为 B 牛奶,并且与 B 公司建立了长期的合作关系。但是,有不少顾客反映 B 牛奶太淡,口感不好,但餐厅没有采取相关措施。

5. 某某西餐厅开展关系营销的策略

针对以上存在的问题,应从以下几个方面来改进:

5.1 加强识别顾客类型的能力

从顾客对关系的注重程度出发,可以把顾客分为交易型顾客和关系型顾客。交易型顾客的购买决策影响因素主要是价格,低价格、赠品赠送、促销活动是他们购买的原动力,一旦有更低价格的服务,他们便不再购买原服务。而关系型顾客则更注重服务的质量、效率和价值,他们希望与餐厅建立一种关系,同时还会把这家餐厅推荐给自己的亲朋好友。按照顾客的内在价值分类,可以把顾客分为四类:价值顾客、次价值顾客、潜价值顾客、低价值顾客。对于餐厅来说,最需要的是能给餐厅带来最大化长期效益的价值顾客。因此,餐厅对待不同的顾客要有不同的策略。(1)价值顾客的当前价值和未来价值都很高,是餐厅稳定利润的来源,对餐厅的品牌认知度高,忠诚度也很高。这类顾客餐厅应该积极投入资源,来保持、发展长期稳定的关系。(2)次价值顾客的当前价值高,但关系相对价值顾客来说不稳定,他们的服务需求高,是餐厅短期利润的来源,不具有很高的忠诚度。对这类顾客餐厅应该积极寻求互动沟通,及时捕获反馈信息,建立双向价值取向,赢得顾客的忠诚。(3)潜价值顾客的购买力有限,对餐厅的贡献度低,是餐厅长期利润的基础,忠诚度高,信用度好。面对这类顾客,餐厅保持、建立双方的信任关系,采取长期的价值培育,发现并且帮助其提升顾客价值。(4)低价值顾客的当前价值和未来价值都很低,并且波动性大。面对这类顾客,餐厅应该视情况而定。情况一:不熟悉“情况”的顾客,这类顾客缺乏对餐厅的服务、品牌的认知,没有被发掘出有效的需求,他们需要餐厅积极地引导,开发与之建立关系的价值;情况二:对“价格”敏感的顾客,这类顾客的品牌忠诚度低,对这类顾客,餐厅可无须投入大量精力。

5.2 建立完善的顾客信息数据库

上文提到某某西餐厅并没有完善的顾客信息数据库,顾客信息仅靠人工记忆,且无法记录全面。针对这一状况,餐厅可以建立顾客的信息数据库,了解顾客的必要信息,来维护与餐厅忠实顾客的长期关系。

需要搜集的客户信息有:

① 姓氏

② 出生日期

③ 职业。包括职位

④ 联系方式。包括电话号码、邮箱等

⑤ 偏爱的位置

⑥ 特殊需求

在信息搜集的过程中,不仅要搜集顾客的基本背景材料,更要重视对顾客个性化信息的收集,并在与顾客的接触过程中及时更新信息。餐厅通过对顾客信息的了解可以避免工作上的盲目性,提高实效性,获得竞争优势。

5.3 餐厅与顾客的交流中倾注情感

某某西餐厅在与顾客建立亲密的关系上做的远远不够,要在与顾客的交流中倾注感情,就要把顾客看作亲人朋友,建立"自己人效应",这样才可以使顾客关系长久稳定不易破坏。

与顾客进行情感联系的方式有很多:

① 来某某西餐厅用餐的德国人很多,如果能用德语与他们打招呼会拉近彼此的距离,也会让他们有宾至如归的感觉,让身在异乡的他们觉得餐厅把他们当"自己人",从而能让他们与餐厅的关系更加持久、更加紧密。

② 对待独自前来用餐的顾客,餐厅也应该制定相应的贴心措施。比如,为单独用餐的顾客提供杂志和报纸;在他们用餐的时候,与他们交流,询问饭菜是否可口等轻松的话题,让他们的用餐过程不寂寞。这些贴心的细小的服务足以温暖顾客,拉近餐厅与顾客的距离。

③ 来餐厅用餐的顾客一部分为老年人,他们在阅读餐厅刊物的时候会有眼花的症状,餐厅可以针对这些顾客准备老花眼镜,不同度数各一副。当顾客费力阅读杂志的时候,餐厅的服务人员为顾客递上一副眼镜,这样一个细微的举动也会增加顾客对餐厅的好感。

④ 夏天餐厅的冷气会打很足,又无法单独调节。餐厅就可提前准备几个披肩,有些女士穿着比较单薄,用餐时会感觉冷,服务人员在发觉顾客感觉冷的时候,为顾客递上披肩,定能让顾客愉快地享受用餐全程且留下美好印象。

⑤ 前来用餐的顾客会有穆斯林,这类顾客并不是餐厅的任何食物都可以食用,针对这种情况,餐厅可以在餐牌上进行标注来提醒穆斯林顾客。

⑥ 在顾客信息数据库中可以找到顾客的生日。如果顾客在生日当天前来用餐,餐厅可以为顾客准备一个生日蛋糕、一枝玫瑰,给顾客一个生日的惊喜。

5.4 保证菜肴新鲜度

5.4.1 厨房与仓库控制原料新鲜度

厨房、仓库控制原料新鲜度。厨房提取原料时,要当面清点检查种类、数目、质量,并在仓库留档的出库单上做好签字确认,一旦领走,仓库不再对出现的问题原料负责。同理,在加工原料前,每个档口的负责人都会确认原料,一旦确认,上一个环节的人员便不再对出现的问题负责。对于当天没有取完的食物,在允许储存的基础上,在保鲜膜上标上日期,以此来保证食品的新鲜。

5.4.2 服务员和厨房控制菜肴新鲜度

服务人员和厨师控制菜品的温度。为了保持菜品的温度,需配备保温箱和冷藏箱,热菜 25 分钟,冷菜 15 分钟,从菜品出锅到顾客的饭桌上,温差控制在 2 摄氏度以内。

5.5　网络渠道与传统渠道相结合

针对某某西餐厅宣传渠道单一的问题,餐厅应拓宽其宣传的渠道,将有形的宣传和无形的宣传相结合,传统宣传和现代宣传相结合,全方位、多领域、多层次地对餐厅进行宣传。

餐厅的宣传方式主要表现在以下几种:

(1) 与建立了长期关系和即将建立长期关系的顾客的交流可以选择以下几种途径:

① 纸质信件

② 短信息

③ 电子邮件

(2) 多渠道、多种类、人性化的结账方式。

(3) 在国内和国外增设不同的社交网站。例如,在国内开通某某西餐厅的新浪微博、腾讯微博账号;在国外开通餐厅的 Facebook 和推特账号。

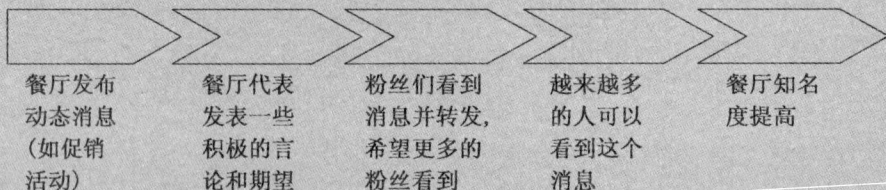

| 餐厅发布动态消息(如促销活动) | 餐厅代表发表一些积极的言论和期望 | 粉丝们看到消息并转发,希望更多的粉丝看到 | 越来越多的人可以看到这个消息 | 餐厅知名度提高 |

图 3　网站宣传

5.6　开发供应商渠道

以顾客反映 B 牛奶淡的问题为例,餐厅可以与 B 公司商议,更换 B 品牌内牛奶味更浓郁的牛奶作为餐厅的牛奶,若没有更浓郁的牛奶来满足顾客的需求,餐厅可考虑与 B 公司终止合作,采取招投标形式挑选牛奶品质更好、深受客人喜欢、价格合理的企业合作。

6. 结论

面对如此庞大的社会关系网,开展关系营销是高星级餐厅在竞争中取胜的重要手段,同时也为高星级餐厅在营销中取得良好业绩提供有力的帮助。

同时我们也应看到关系营销应从餐厅的实际情况出发,依据餐厅在关系营销中实际出现的问题,针对性地提出解决策略,避免盲目跟从,以具体问题具体分析为基本指导思想。

本文以系统、定性的管理思想为基础,充分体现了理论研究的科学性、实践性、预测性,注重科学理论的运用,立足实践应用的研究,以国内专家、学者理论为依据,依靠本文笔者在餐厅的实习经验,对某某西餐厅的关系营销进行了分析研究,具有科学性。通过研究认为,本文提出的关系营销策略具有可操作性,可解决某某西餐厅在关系营销中的实际问题,为餐厅的市场发展提供有效的借鉴。

第五章

毕业实践的管理

毕业实践通常安排在第五学期,它是毕业设计的重要组成部分。为进一步规范毕业实践管理,提高毕业实践教学质量,需要制定相关管理规定以规范毕业实践工作。

一、毕业实践的准备

(一) 毕业实践实行定人指导

学生参加毕业实践前,系部主任必须至少提前1周统筹好学生分组、指导教师安排、下发所需资料等准备工作。

(二) 填写"毕业实践审批表"

凡参加毕业实践的学生,必须在实践开始前,由本人填写"毕业实践审批表"并办理相关审批程序,毕业实践必须本人承诺并经家长签字同意、毕业实践单位同意并盖章后,交校方指导老师。校方指导教师对"毕业实践审批表"进行审查,并上交系部审批。

二、毕业实践期间管理规定

(一) 牢固树立安全意识

上岗前,应认真学习《劳动法》和实习单位的有关规章制度;同时,自觉接受岗位安全教育和安全技术培训,遵守实践单位的安全上岗制度。

毕业实践期间,学生应严格遵守安全操作规程,以防设备和人身事故的发生;应与实践单位职工和睦相处,不得与职工争吵、打架斗殴;应注意实践单位信息安全,严格遵守单位保密制度,严守企业商业机密。自觉遵守交通规则,注意上下班的交通安全。

(二) 严格遵守劳动纪律

学生应在经批准的实践单位顶岗实习。严格遵守实践单位的劳动纪律,按时上下班。上班期间不准擅自离岗,不准干私活及其他与学习无关的事情。如发现上班打游戏或打牌、上网聊天等情况,造成严重影响者,毕业实践成绩以不合格论处。学生因病(事)等不能到岗,需按学校相关管理制度办理请假手续。

(三) 经常与指导老师沟通

毕业实践期间,接受学生实践的单位,应指派专人对学生进行指导。学生应听从校方指导教师和实践单位指导老师的指导,虚心学习、刻苦钻研,培养良好的职业道德与风尚。学生应每周主动与指导教师联系,汇报上周工作实践情况以及下周具体工作安排;毕业实践期间,学生不得随意变更工作单位,如因特殊情况确需变更的,必须经指导教师批准,并重新办理毕业实践审批手续方可。

(四) 按时完成课程要求

毕业实践期间,学生每周至少完成1篇周记,周记每篇不少于500字。毕业实践结束时,完成一份不少于2000字的毕业实践总结。周记和毕业实践总结的主要内容是毕业实践的情况、心得体会以及有见解的分析和建议等。周记和毕业实践总结严禁抄袭,一经发现存在抄袭行为,毕业实践按不及格论处。

毕业实践结束时对学生实施考核。毕业实践成绩主要根据实践单位鉴定意见、学校指导教师意见、周记和毕业实践总结情况进行综合评定。成绩分优秀、良好、中等、及格和不及格五个等第。

三、毕业实践指导手册

毕业实践中,学生运用已掌握的基本理论知识和实务操作技能,深入实践单位,了解单位组织、生产、营销等实际经营管理工作内容,综合运用所学知识分析解决实际问题,是课堂学习的深化和升华。

(一) 教学目标

1. 知识目标
(1) 了解与专业有关的党和国家的方针、政策、法规;
(2) 了解并基本掌握本岗位所需的业务知识、业务术语;
(3) 了解企业运营基本概况;
(4) 了解实践岗位的工作内容、程序、制度和方法,及与本岗位相关的一些工作岗位情况。

2. 能力目标
(1) 具有从事专业相关工作的初步能力;
(2) 具有工作所需的基本能力;
(3) 具有撰写业务分析报告的初步能力。

（二）教学内容及要求

1．单元一：了解企业

（1）接受企业劳动纪律、操作规程、人身财物等安全知识教育；

（2）了解企业运营基本情况；

（3）参观工作现场，对企业产生感性认识。

要求：学生认真学习，做好笔记，严格遵守企业作息制度和各项纪律。

2．单元二：熟悉岗位

（1）明确岗位分工；

（2）熟悉岗位职责；

（3）了解本岗位的工作内容、程序、制度和方法，及与本岗位相关的一些工作岗位情况。

要求：明确所在实践部门的分工情况及各岗位职责，了解岗位工作内容、程序、制度和方法。

3．单元三：上岗训练

（1）了解与专业有关的党和国家的方针、政策、法规；

（2）掌握实践岗位所需的专业技能；

（3）锻炼所需的社会交际、公共关系等基本能力。

要求：根据实习单位安排，在企业指导人员指导下顶岗上班，在此期间，严格遵守企业作息制度和劳动纪律。校方指导教师每周应采用恰当的方式了解学生实习情况。

4．单元四：撰写报告

（1）对实践期间搜集的资料进行整理；

（2）具有撰写业务总结的初步能力。

要求：结合实践岗位，围绕工作内容、工作职责、心得体会撰写工作总结。

（三）教学时间分配

表 23　毕业实践课程教学时间分配表

序号	课程内容		时间分配（周数）				
			讲解	示范	训练	其他	合计
1	单元一 了解企业	安全教育	0.5				0.5
		实习单位介绍					
		参观					
2	单元二 熟悉岗位	熟悉岗位分工			1		1
		熟悉岗位职责					

(续表)

序号	课程内容		时间分配(周数)				
			讲解	示范	训练	其他	合计
3	单元三 上岗训练	各岗位顶岗实习			8/16		8/16
4	单元四 撰写报告	整理资料、撰写报告				0.5	0.5
	总计		0.5		9.5/17.5		10/18

注:上岗训练的具体内容由实践企业根据实习岗位做具体安排。

(四) 学习效果评价

1. 评价形式

(1) 工作态度、纪律;

(2) 岗位适应能力,岗位技能水平;

(3) 文明礼貌、社会交际能力;

(4) 实践周记、实践总结。

2. 评分结构(100分)

表24 毕业实践课程评分结构表

序号	项目	要求	成绩比例(%)	总评成绩(%)
1	企业指导人员评价	遵章守纪、工作积极;文明礼貌、善于沟通;工作能力强。	30	
2	校方指导教师成绩	态度端正、遵章守纪;职业素质高;职业技能强。	30	100
3	实践周记	符合要求、字迹工整、条理清晰、分析恰当。	20	
4	实践总结	条理清晰、思路清晰、分析恰当、观点正确。	20	

3. 评分等级

评分等级采用等级制,分优秀、良好、中等、及格和不及格五个等级。百分制与等级制的折算方法为:

优　秀:90~100分

良　好:80~89分

中　等:70~79分

及　格:60~69分

不及格:60分以下

（五）其他事项

毕业实践（附件 4-1、附件 4-2、附件 4-3、附件 4-4、附件 4-5、附件 4-6）的相关表格需要学生、教师和相关人员用蓝色或黑色签字笔手写填报，请分院及各系部做好学生毕业实践过程的监控及实践材料的整理归档工作。

四、毕业实践相关附件（参考文末）

附件 4-1

毕业实践安全须知

为坚决贯彻"安全第一,预防为主"的方针,切实加强毕业实践期间学生的安全意识,确保各项工作顺利进行,特做以下规定:

1. 树立"安全第一"的观点,健全安全组织,确保毕业实践期间安全无事故。

2. 各班级毕业实践前应组织安全教育。

3. 学生上岗前,应认真学习《劳动法》和企业的各项规章制度;同时,自觉接受岗位安全教育和安全技术培训,遵守实践单位的安全上岗制度。

4. 学生应自觉遵守交通规则,注意上下班的交通安全。

5. 注意实践场所的安全,进车间要穿工作服、工作鞋,女生要戴工作帽;在科室使用各种设备要注意安全。

6. 严格遵守岗位责任制,不得擅自离岗、串岗。

7. 保持工作场地周围整洁,不准杂乱堆物,防止绊倒、滑跌、砸伤等危险发生。

8. 注意操作过程中的安全问题,例如,布置商品时应科学、整齐、稳固,防止商品掉落受损或砸伤自己。

9. 不得与企业员工发生正面冲突,遇事应及时向上级部门反映,由单位出面解决。

10. 注意实践单位信息安全,严格遵守单位保密制度。上网时自觉遵守单位的有关规定,不做与工作无关的上网操作。

11. 学生如居住在实践单位集体宿舍,应注意寝室安全,严禁私拉、私接电线;严禁使用电炉、煤气灶、电茶壶、热得快等用具;不准熄灯后点蜡烛。离开寝室要及时关门上锁。

12. 学生在操作各种设备时,必须严格遵守相关安全操作规程。

附件 4-2

毕业实践承诺书

本人已认真阅读毕业设计（实践）管理制度、指导书、安全须知等管理规定，在此基础上做出以下承诺：

1. 自觉遵守国家的法律法规、学校的规章制度和实践单位的规章制度，并按指导书要求认真完成相关学习任务。

2. 服从学院关于毕业实践的统一安排和管理，对于企业在管理、安排等方面存在的问题及时向指导老师进行反映。如对指导教师的处理不满的，可直接向系部或分院反映。不与企业发生直接冲突。

3. 严格遵守实践单位的有关规章制度和劳动纪律。上班不迟到、不早退，按时进入指定的工作岗位。

4. 上下班期间自己注意人身、财产和路途安全；在毕业实践期间因自己个人原因所发生的任何事故，由自己负责。毕业实践期满，将在实践期间借阅和使用过的各类文件、资料、物品等属于企业占有或使用的财产立即归还给企业。如不予归还或造成财物损坏的，按照乙方出具的财物清单全额赔偿企业经济损失。

5. 加强安全自律管理。毕业实践阶段如住校外，安全责任自负。

6. 不私自调换毕业实践单位和岗位。

7. 积极参加企业组织的各种活动，严守企业经营机密。如泄露企业机密而给企业造成损失的，本人承担相应责任。

承诺人：

20   年   月   日

附件 4-3

毕业实践审批表

姓名		班级		学号		指导教师	

学生承诺

为圆满完成学业,达到毕业设计(实践)教学要求,我承诺:

1. 保持与指导老师的联系,按要求定期完成毕业设计(实践)各阶段任务;
2. 加强安全自律管理,毕业设计(实践)阶段如住校外,安全责任自负。

学生签名:_____

日　期:20　　年　　月　　日

家长须知

参加毕业实践学生与家长须知:

1. 学院允许毕业班学生自行落实毕业实践单位、岗位;
2. 学生须带该审批附件和考核附件于规定时间来校办理有关手续;
3. 学校不承担学生在校外企业毕业实践阶段的交通、食宿等费用;
4. 学生在校外企业毕业实践阶段的监护责任归家长和实践单位,安全责任自负。

家长签名:_____

日　期:20　　年　　月　　日

毕业实践单位意见

同意接受_____(学生)在_____(单位全称)参加毕业实践,并承担该学生在毕业实践期间的教育和管理工作。

毕业实践岗位:_____

企业指导人员姓名及职称(职务):_____

联系电话:_____

单位(盖章):_____

日　期:20　　年　　月　　日

院系意见

院系盖章:

日　期:20　　年　　月　　日

附件 4－4

毕业实践周记(01)

写作时间	＿＿月＿＿日	其他备注	

附件 4-4

毕业实践周记(02)

写作时间	___月___日	其他备注	

附件 4－4

毕业实践周记(03)

写作时间	___月___日	其他备注	

附件 4－4

毕业实践周记(04)

写作时间	___月___日	其他备注	

附件 4－4

毕业实践周记(05)

写作时间	___月___日	其他备注	

附件 4－4

毕业实践周记(06)

写作时间	___月___日	其他备注	

附件 4－4

毕业实践周记(07)

写作时间	___月___日	其他备注	

附件 4-4

毕业实践周记(08)

写作时间	___月___日	其他备注	

附件 4-4

毕业实践周记(09)

写作时间	___月___日	其他备注	

附件 4-4

毕业实践周记(10)

写作时间	___月___日	其他备注	

附件 4-4

毕业实践周记(11)

写作时间	___月___日	其他备注	

附件 4 - 4

毕业实践周记(12)

写作时间	___月___日	其他备注	

附件 4-5

毕业实践总结

写作时间	___月___日	其他备注	

附件 4-6

毕业实践考核表

姓名		学号		班级		指导教师	

毕业实践单位鉴定成绩（企业成绩）：

　　根据学生工作期间的综合表现，如遵章守纪、工作积极性、文明礼貌、沟通交际能力、工作能力等，综合评定该同学成绩（百分制）为_____。

考核人：_____

单位（盖章）：

日　期：20_____年____月____日

校方指导教师鉴定成绩（校方成绩）：

　　根据学生工作期间的综合表现，如工作态度、遵章守纪、职业素质、职业技能等，综合评定该同学成绩（百分制）为_____。

教师签名（或签章）：_____

日　期：20_____年____月____日

成绩等第综合评定：

企业成绩（30%）	校方成绩（30%）	周记成绩（20%）	实践总结（20%）	总评成绩	等　第
					□优　秀:90～100 分 □良　好:80～89 分 □中　等:70～79 分 □及　格:60～69 分 □不及格:60 分以下

系部主任签名（或签章）：_____

日　期：20____年____月____日

（说明：所有成绩均采用百分制打分，总评成绩四舍五入取整数，在分数对应的等第前的方框内打"√"）